LEARN TO READ LATIN

LEARN TO READ
LATIN

SECOND EDITION

WORKBOOK

PART II

Andrew Keller
Collegiate School

Stephanie Russell
Collegiate School

Yale UNIVERSITY PRESS   New Haven & London

First edition published as one volume in 2004 and as two volumes in 2006.
Second edition published in 2015.

Yale University Press books may be purchased in quantity for educational, business, or
promotional use. For information, please e-mail sales.press@yale.edu (U.S. office) or
sales@yaleup.co.uk (U.K. office).

Editor: Tim Shea
Publishing Assistant: Ashley E. Lago
Production Editor: Ann-Marie Imbornoni
Production Controller: Aldo Cupo
Designed by James J. Johnson

Set in E & F Scala type by Integrated Publishing Solutions, Grand Rapids, Michigan.
Printed in the United States of America.

Learn to Read Latin 2nd ed. Workbook Part 1 ISBN: 978-0-300-19497-5
Learn to Read Latin 2nd ed. Workbook Part 2 ISBN: 978-0-300-19498-2
The second edition workbook is also available in one volume, ISBN: 978-0-300-19496-8

This paper meets the requirements of ANSI/NISO Z39.48-1992 (Permanence of Paper).

10 9 8 7 6 5 4 3 2

CONTENTS

Preface to Part II   vii
Preface to the Second Edition of the Workbook   viii
List of Abbreviations   ix

Drill 84–85. Fourth and Fifth Declensions   363
Drill 86. Nine Irregular Adjectives   373
Drill 87. Purpose Clauses and Sequence of Tenses   377
Drill 87–88. Purpose Clauses and Indirect Commands   383
Drill 89. Relative Clauses of Purpose   389
Drill 90–92. Short Sentences and Syntax   391
    Exercises, CHAPTER IX   395

Drill 94. Relative Clauses of Characteristic   413
Drill 95–96. Participles   417
Drill 97. Attributive and Circumstantial Participles   421
Drill 98. Ablative Absolute   427
Drill 99–100. Participles and Periphrastics   431
Drill 100–103. Short Sentences and Syntax   437
    Exercises, CHAPTER X   441

Drill 105–106. Infinitives   457
Drill 107. Indirect Statement   461
Drill 109. Subordinate Clauses in Indirect Statement   469
Drill 110. Comparison of Adjectives and Adverbs   471
Drill 111. Irregular Comparative and Superlative Adjectives and Adverbs   475
Drill 112. Constructions with the Comparative and Superlative Degrees   479
    Exercises, CHAPTER XI   485

Drill 114–115. Direct Questions and Deliberative Subjunctive   499
Drill 116–117. Indirect Questions and Doubting Clauses   505
Drill 118. Subordinate Clauses II: The Conjunction *cum*   509
Drill 119–120. *volō, nōlō, mālō*; Negative Commands with *nōlī* and *nōlīte*   515
    Exercises, CHAPTER XII   521

Drill 123. Gerunds and Gerundives   533
Drill 124. Subordinate Clauses III   539
Drill 125. Correlatives   543
Drill 126. The Irregular Verb *fīō*   547
Drill 127–130. Short Sentences and Syntax   551
  Exercises, CHAPTER XIII   555

Drill 132. Indefinite Pronouns and Adjectives   565
Drill 133–135. Result Clauses, Relative Clauses of Result, and Substantive *Ut* Clauses   569
Drill 136. *fore ut* Construction   573
Drill 137. Impersonal Constructions I   577
  Exercises, CHAPTER XIV   581

Drill 139. Fear Clauses   593
Drill 140. Prevention Clauses   597
Drill 141. Impersonal Constructions II   601
Drill 142. Direct and Indirect Reflexives   609
Drill 143–147. Short Sentences and Syntax   613
  Exercises, CHAPTER XV   617

Summaries   A1
Synopses   A45
Morphology Appendix   A49
Latin to English Vocabulary   A75
English to Latin Vocabulary   A85

PREFACE TO PART II

This workbook contains drills written to accompany Chapters 9–15 of the textbook *Learn to Read Latin*. The drill numbers correspond to numbers of sections in the text in which morphology and syntax are presented. After most sections the student is referred to the appropriate drill for reinforcement of the forms and syntax just presented. In addition, this workbook contains exercise sentences for each chapter. These synthetic Latin sentences have been written to give substantial practice in the new vocabulary, morphology, and syntax of each chapter, while also reviewing material taught in earlier chapters. The exercise sentences may also be studied for patterns and effects of Latin prose word order.

Because the workbook pages are perforated, all drills and exercise sentences may be detached and used for homework assignments as well as for work in class.

At the back of the workbook are a vocabulary list and two or three summaries for each chapter. These summaries, which should be removed from the book and used for study as each chapter is presented, give compact summaries of all the morphology and syntax taught in each chapter.

Included with the summaries for two chapters are synopsis sheets to be used for reviewing verb morphology. The synopsis sheets provided should be torn out and used to make multiple copies for students.

PREFACE TO THE
SECOND EDITION OF THE WORKBOOK

In response to requests from adopters and users of the first edition of *Learn to Read Latin,* we have added many new drills and practice sentences for use at intermediate points in each chapter. Drills and Exercise sentences have been revised to incorporate new vocabulary, to reflect the rearranged content in the revised textbook, and to remove infelicities. Blanks and lines have been added throughout to give students more room to provide answers. For easier access the Latin to English and English to Latin vocabularies have been moved to the very end of the workbook.

ABBREVIATIONS

*	indicates that a form is hypothetical	interrog.	interrogative
>	becomes	intr.	intransitive
1-intr.	first conjugation intransitive verb	i.o.	indirect object
1-tr.	first conjugation transitive verb	loc.	locative
abl.	ablative	m.	masculine
acc.	accusative	masc.	masculine
act.	active	n.	neuter
adj.	adjective	neut.	neuter
adv.	adverb	nom.	nominative
conj.	conjunction	pass.	passive
d.a.	direct address	perf.	perfect
dat.	dative	pl.	plural
demonstr.	demonstrative	pluperf.	pluperfect
d.o.	direct object	prep.	preposition
f.	feminine	pres.	present
fem.	feminine	prin.	principal
frag.	fragment	pron.	pronoun
fut.	future	rel.	relative
gen.	genitive	sing.	singular
imper.	imperative	subj.	subject
imperf.	imperfect	subjunc.	subjunctive
indef.	indefinite	subst.	substantive
indic.	indicative	tr.	transitive
infin.	infinitive	voc.	vocative
interj.	interjection		

Drill 84–85 Fourth and Fifth Declensions

A. Recite from memory the endings of the fourth declension.
B. Recite from memory the endings of the fifth declension.
C. On a separate sheet decline fully **nostra manus, omnis exercitus, rēs audāx, haec aciēs**.
D. Write these forms in Latin.

1. gen. pl. of *rēs*

    2. dat. pl. of *manus*

3. abl. sing. of *cōnsulātus*

    4. dat. sing. of *speciēs*

5. gen. pl. of *aciēs*

    6. abl. sing. of *mōtus*

7. dat. sing. of *rēs pūblica*

    8. nom. pl. of *diēs*

9. acc. sing. of *exercitus*

    10. gen. pl. of *cōnsulātus*

11. dat. sing. of *senātus*

    12. abl. pl. of *rēs*

13. acc. pl. of *mōtus*

    14. abl. sing. of *fidēs*

15. acc. pl. of *domus* (2)

    16. nom. pl. of *exercitus*

17. gen. sing. of *fidēs*   18. acc. sing. of *senātus*

_____   _____

19. abl. pl. of *aciēs*   20. acc. pl. of *rēs gestae*

_____   _____

E. Identify (give case, number, and gender) and translate each form. Give all possibilities.

1. speciē _____

2. exercituum _____

3. speciēbus (2) _____

   _____

4. exercitum _____

5. mōtū (2) _____

   _____

6. aciēī (2) _____

   _____

7. domūs (4) _____

   _____

   _____

   _____

8. aciēs (5) _____

_____

_____

_____

_____

9. rem _____

10. mōtus (2) _____

_____

F. Write in Latin.

1. by that hand of yours

_____

2. for the senate

_____

3. of many days

_____

4. unfortunate situation (d.o.)

_____

5. out from the consulship

_____

6. of many movements

_____

7. for the republic

_____

8. in this republic

_____

9. strong hands (subj.)

_____

10. by a serious disturbance

_____

11. by great trustworthiness

_____

12. in that battle line

_____

13. of my consulship

_____

14. all the senate (d.o.)

_____

15. for these situations

_____

16. harsh appearance (subj.)

_____

17. concerning my trustworthiness

_____

18. about our republic

_____

19. your movements (d.o.)

_____

20. of great affairs

_____

G. Translate these prepositional phrases.

1. ex aciē

_____

2. ē manibus

_____

3. sine rē

_____

4. prō senātū

_____

5. propter fidem

_____

6. per exercitum

_____

7. ante senātum

_____

8. dē manū

_____

9. ad aciēs

_____

10. dē cōnsulātū

_____

11. in manibus

_____

12. per aciem

_____

13. propter mōtum   14. prō cōnsulātū

_____   _____

H. Translate these sentences.

1. Multī ingentī mōtū in illā prōvinciā terrentur. Nam manus impia hominum rēs novās
   movēre cōnātur.

   _____

   _____

2. Utinam semper maneat haec rēs pūblica! Magna sit fidēs omnibus cīvibus!

   _____

   _____

3. Caesar exercitum populī Rōmānī ad aciēs hostium dūxit.

   _____

   _____

4. Cōnsulātum cum studiō petēbās. Auxiliō enim esse reī pūblicae cupiēbās.

   _____

   _____

5. Tū, sī rēs gestās populī Rōmānī scrībēs, in senātū ab omnibus patribus laudābere.

   _____

   _____

6. Quem virum fortem ad illam aciem mittēmus? Quis fortia facta facere audeat?

   _____

   _____

7. Rēs difficilis est cōnsulātum capere. Cōnsul enim esse omnis cīvis Rōmānus cupit.

_____

_____

8. Hostēs exercitūs ācrīs populī Rōmānī omnīnō timēbant.

_____

_____

9. Sī in eā prōvinciā sit mōtus atque cīvēs rēs novās moveant, cōnsul fortis manum mīlitum in proelium ācre dūcet.

_____

_____

_____

10. Hī impiī fidē carent. Mortem acerbam patiantur.

_____

_____

11. Utinam in aciē pugnent cōpiae nostrae prō rē pūblicā!

_____

_____

12. Pulchra erat speciē domus mea, rē vērā īnfēlīx.

_____

_____

I. 1. Give the gender, number, and case of each phrase. Give all possibilities.

2. Translate these phrases into English.

	Identification	Translation
Example: rēgīnae fēlīcī	**fem. sing. dat.**	**for the happy queen**

	Identification	Translation
1. rēs pulchrae	_____	_____
2. eōdem mōtū	_____	_____
3. cīvium bonōrum	_____	_____
4. rēge ācrī	_____	_____
5. exercituī Rōmānō	_____	_____
6. rēgīna fēlīx	_____	_____
7. aciēs īnfēlīx	_____	_____
8. nostrae mātrī	_____	_____
9. diem fēlīcem	_____	_____
10. domum antīquam	_____	_____
11. manūs fortis	_____	_____
12. servō īnfēlīcī	_____	_____
13. rūs pulchrum	_____	_____
14. bonā fidē	_____	_____
15. manuum validārum	_____	_____
16. ingentia moenia	_____	_____

	Identification	Translation
17. omnīs manūs	_____	_____
18. animum ācrem	_____	_____
19. reī pūblicae	_____	_____
20. speciē pulchrā	_____	_____
21. ingēns perīculum	_____	_____
22. multī diēs	_____	_____
23. gladiīs ācribus	_____	_____
24. fortēs virī	_____	_____
25. omne corpus	_____	_____
26. patribus antīquīs	_____	_____

J. Give the full vocabulary entry for the following nouns.

1. senate _____

2. home (2) _____

3. army _____

4. thing _____

5. appearance _____

6. movement _____

7. trustworthiness _____

8. consulship _____

9. day _____

10. republic _____

11. hand _____

12. keenness _____

13. revolution _____

14. accomplishments _____

Drill 86   Nine Irregular Adjectives

A. Translate these sentences.

1. Caesarī imperium tōtīus prōvinciae datur. Quod nūllī aliī datum sit.

   _____

   _____

2. Paucōs mīlitēs hostium ante moenia vīdī, multōs aliōs in ipsā urbe.

   _____

   _____

   Some   others
3. Aliīs virīs illa fēmina levis multum placēbat, aliīs eadem erat odiō.

   _____

   _____

4. Nūllum aurum dedī quoniam numquam ūllum habuī.

   _____

   _____

5. Tibi ūnī hoc dīcō: in omnī vītā nihil aliud ēgī nisi bonum.

   _____

   _____

6. Miser erat Lūcius; nam nūllī eum puerī, nūllae amāvēre puellae.

   _____

   _____

7. Cīvēs alterīus cōnsulis verbīs sunt territī, alterīus factīs. Neutrī pārēbant.

_____

_____

8. A. Cum frātre ad hunc locum rediī. Meministīne nōs?
   B. Neutrum. Neque ūllō modō verba tua intellegere possum.

_____

_____

_____

_____

9. Utrī hōrum mortālium amīcī sunt dī, utrī inimīcī?

_____

_____

10. Propter ūnīus hominis īnsidiās cīvitās in perīculō est posita. Quem cōnsul ad mortem dūcī
    iussit. Quid aliud ageret?

_____

_____

11. Bonī cīvēs habentur Caesar et Antōnius, alter alterā dē causā.

_____

_____

12. Ubi in forō dīcēbam, tōtā mente atque omnī animō invidiam populī timēbam.

_____

_____

13. Et pater et fīlius bene dīcunt. Vōcem utrīus nunc audīmus?

_____

_____

14. Multī populum Rōmānum regere cōnātī sunt, aliī per alia.

_____

_____

15. In illō proeliō frāter cum frātre pugnāvit; alter alterīus gladiō interfectī sunt.

_____

_____

16. Aliī virō sunt multī amīcī, aliī paucī. Hic autem semper est sōlus nec ūllī verbum ūllum dīcit.

_____

_____

B. Write in Latin.

1. Marcus and Lucius are hostile to me. Let the one love the one, the other the other; for neither of them loves me.

_____

_____

2. Who, I ask you, in (his) whole life has experienced no hostilities at all?

_____

_____

3. Some men were fleeing to one province, others to another.

   _____

   _____

4. There is fierce fighting in Rome, and there is not any other place in which men are free from fear.

   _____

   _____

5. The soldiers will be led by this brave man, whom alone of all men they obey.

   _____

   _____

6. Some laws readily we follow, others with difficulty.

   _____

   _____

3. Bellum ācriter gerēmus ut omnēs lībertātem accipiant cīvēs.

1. a) future indic.   b) present subj.   2. primary sequence

We shall fiercely wage war in order that all the citizens
may gain/receive freedom.

4. Bellum ā nostrīs gestum est nē hostēs prōvinciās teneant.

perfect passive ~~estg~~   *present hold/take subj.*   *primary*

had waged war

1. a) perfect indic.   b) present subj.   2) secondary

War had been waged by our men in order that
enemies may not hold the provinces.

5. Tū cum sociīs ad īnsulam missus es ut verba rēgis ad incolās ferrēs.

perfect (simple)   *subj. imperfect*   *secondary*

were sent   *might carry*

1. a) perfect indic.   b) imperfect subj.   2) secondary

You were sent with the allies to the island in order that
you might carry the words of the king to the inhabitants.

pluperfect   *imperfect*   *secondary*

6. Nautae patriam cum gaudiō relīquerant ut terram novam peterent.

_____

_____

_____

pronoun
abl.   *Abl.*

7. Vōbīscum discēdere cupiō nē in hāc urbe videar.

passive

1. a) present indic.   b) present subj.   2) primary

I desire to have with you all in order that I
may not be seen in the city.

Nom
Gen
Acc.
Dat
Abl.

8. Rōmā discessit poēta ut rūrī vīveret.

     a) indic. perf.   b) imperfect. sub.   2) secondary

ABL.   Gen.   Acc.

9. In eōdem locō maneāmus ut Cicerōnis verba audiāmus.

     2a) present subj.   b) present subj   2) primary

     Let us remain here/in the same place in order that

     we may hear Cicero's words.

do
Acc.   Acc.   Abl.   Abl. plup. passive subj.

10. Sī arma ad moenia gessissēs ut cum hostibus pugnārēs, prō certō interfectus essēs.

     a) pluperfect subj.   b) imperf. subj.   2) Secondary

     If you had carried arms toward the walls in order

     that you might fight with the enemies, you would have certainly
     been killed.

Nom.
Gen.
Dat.
Acc.
Abl.

Acc-d.o. gen   Acc.

11. Utinam perīcula exsiliī passus essēs ut mea mala intellegerēs.

     a) pluperfect subj.   b) imperfect subj   2) secondary

     If only you had endured the dangers of exile in

     order that you might understand my evils.

Dep. verb.

12. Fatēre ista impia facta, Catilīna, nē ad mortem sine morā dūcāris.

present imper.   passive
     a) present imper.   b) present subj.   2. primary

C. Write these sentences containing purpose clauses in Latin.

1. I shall read many books in order that I may understand the deeds of men and gods.

_____

_____

2. These bold men followed their king into battle in order that (their) daughters might not be carried away.

_____

_____

3. We have placed gifts on the altars in order that we may please the gods.

_____

_____

4. I was speaking about the art of that poet in order that you might listen to his words carefully.

_____

_____

5. Let us pass a law about violence in order that the citizens may not be terrified by the weapons of those contemptible men.

_____

_____

6. If you had recklessly attempted to kill the unlucky consul, you would have gone into exile in order that you might not be seen by all good human beings.

_____

_____

Drill 87–88   Purpose Clauses and Indirect Commands

A. Fill in the blanks. Do not use abbreviations.

1. An indirect command in Latin is introduced by _____*ut*_____ (positive) or
   _____*nī*_____ (negative).

2. An indirect command has its verb in the subjunctive mood because _____*it takes*_____
   *the place of the Jussive subjunctive, not factual*_____.

3. The action of a verb in an indirect command occurs _____*subsequent to*_____ to the action of
   a verb in the main clause that introduces it.

4. After any primary tense of the indicative in the main verb, the tense of the subjunctive verb
   in an indirect command must be _____*present*_____.

5. After any secondary tense of the indicative in the main verb, the tense of the subjunctive
   verb in an indirect command must be _____*imperfect*_____.

6. When an indirect command, regardless of sequence, is translated, the word
   "_____*that*_____" is always used.

7. An indirect command is considered a _____*noun*_____ clause, but a purpose clause
   is considered an _____*adverbial*_____ clause.

8. Indirect commands are introduced by verbs with meanings such as _____*beg, ask,*_____
   *advise, urge, command, order*_____.

B. Give the remaining principal parts and English meanings for these verbs that introduce indirect commands. (Included are new verbs from this chapter.)

1. petō, _____

2. hortor, _____

3. moneō, _____

4. imperō, _____

5. quaerō, _____

C. 1. Translate the following sentences, which contain either purpose clauses or indirect commands.
    2. Give the syntax of the italicized verbs.

    Example: Petimus ut amīcus tuus ad urbem *veniat.*

                 1. **We ask that your friend come to the city.**
                 2. veniat: **present subjunctive, indirect command, primary sequence**

1. Ā meīs frātribus quaesiī nē mātrem *relinquerent.*

    _____

    _____

    _____

2. Ut poētam oculīs *videat,* puella ad forum it.

    _____

    _____

    _____

3. Poēta audāx magnum carmen scrīpsit ut hominēs timōre mortis *līberet.*

    _____

    _____

    _____

4. Petīvī ā fīliō nē ē viā *errāret,* sed meās vōcēs nōn audīvit.

_____

_____

_____

5. Amīcī Cicerōnem saepe hortābantur nē rūrī *manēret.*

_____

_____

_____

6. Multa fortia ab illō mīlite facta sunt ut eī *esset* ingēns glōria.

_____

_____

_____

7. Frātrem monēbō ut domī *maneat* nē ab inimīcīs *capiātur.*

_____

_____

_____

8. Agricolae ā patribus magnā dīligentiā petunt ut mīlitēs ad prōvinciam mittantur.

_____

_____

9. Saepe hominēs bonam vītam agunt nē malī esse videantur.

_____

_____

10. Rōmam ībat cōnsul nē ē perīculō fugere vidērētur.

_____

_____

11. Cui Caesar imperāvit ut haec gravia sociīs sine morā ferret?

_____

_____

12. Sī hostis ad hanc partem moenium veniet, nostrōs hortābimur ut audacter pugnent.

_____

_____

D. Write these sentences containing indirect commands in Latin.

1. He will command the troops that they proceed quickly into the province.

_____

_____

He commanded the troops that they proceed quickly into the province.

_____

_____

2. The women in the temple were asking (from) the immortal gods that they grant favor to all the wretched inhabitants.

_____

_____

_____

3. What man, I ask you, would be able to advise those conquered men that they remain in the friendship of the Roman people?

_____

_____

4. If only you had urged me that I not say those bitter words against Caesar!

_____

_____

5. Let us ask (from) these men that they lead us and our men into safety.

_____

_____

Drill 90–92   Short Sentences and Syntax

Accusative of Duration of Time
Ablative of Time When
Ablative of Time Within Which

Translate these short sentences with some regard for good English usage, and from the list above **give the syntax** of the italicized words.

1. Eō *diē* Caesar partem mīlitum ad oppidum accēdere iussit.

   _____

   _____

   diē _____

2. Verba poētae multum *tempus* legō.

   _____

   _____

   tempus _____

3. Rēx, sī *nocte* īnsidiīs captus erit, certē in proelium suōs nōn dūcet.

   _____

   _____

   nocte _____

4. Eō *tempore* auxilium ā rēgīnā peterēmus.

   _____

   _____

   tempore _____

5. Nisi Catilīna ad suōs in prōvinciā eā ipsā *nocte* discessisset, nunc caperētur.

_____

_____

    nocte _____

6. Athēnīs multōs *annōs* laetē vīvēbam.

_____

_____

    annōs _____

7. Tūne eō *diē* Rōmae mānsistī? Equidem eō *tempore* Rōmā abībam.

_____

_____

    diē _____

    tempore _____

8. Noctēs *diēsque* prō meō dominō labōrō, sed mihi quidem nihil dīcit, nihil agit.

_____

_____

    diēs _____

9. Paucīs *diēbus* in forum vocābere. Nē īveris!

_____

_____

    diēbus _____

10. Eīs *diēbus* hominēs nec legēbant nec scrībēbant.

_____

_____

    diēbus _____

Exercises, CHAPTER IX

A. Translate.

1. Tōtum exercitum mēcum iussū cōnsulis dūcam ut hostēs in alium locum pellantur.

   _____

   _____

   Tōtum exercitum mēcum iussū cōnsulis dūcēbam ut hostēs in alia loca pellerentur.

   _____

   _____

2. Caesar suōs hortātur nē ex aciē ad hostem accēdant.

   _____

   _____

   Caesar eō tempore suīs imperāverat nē ex aciē fugerent.

   _____

   _____

3. Illī servī multōs annōs prō dominō labōrābant. Quōs rūrī aut in oppidō saepe vidērēs. Nunc propter eōrum fugam dominus sōlus in suīs agrīs labōrāre cōnātur.

   _____

   _____

   _____

4. Nox discēdit, redit diēs, redeunt mīlitēs ad proelium. Etiam victīs redit in animō virtūs.

_____

_____

5. Multās rēs (fatēbor enim) nōs in cōnsulātū nostrō vōbīscum, patrēs cōnscrīptī, prō hāc urbe atque imperiō, prō vītā cīvium, prōque rē pūblicā gessimus.

_____

_____

_____

6. Rēgī nostrō iam pāreāmus quī imperat ut arma ac sociōs parēmus quibus hostium exercitum omnīnō vincāmus.

_____

_____

_____

7. Sōlus semper erat vir pius post mortem fēminae quam ūnam amāverat; etenim nūllōs post illōs sēnsit amōrēs.

_____

_____

_____

8. Et Caesar et Antōnius imperium cupiunt. Neutrī utinam id dētis, patrēs cōnscrīptī. Hoc prō patriae lībertāte quaerimus.

_____

_____

_____

9. Nēmō oculīs captus īre per viās ad forum possit. Quam ob rem ad ūllum locum sōlus ambulāre audeat?

10. Uter ex hīs cīvibus tibi pius vidētur? Utrīus hōrum verba factaque laudēs? Numquam Antōniō, quem ad modum ante dīxī, fidem dabō.

11. Aliī mē cum studiō hortābantur ut cōnsulātum peterem, aliī Tiberium. Quārē mīsī propter amīcitiam virum quī haec Antōniō dīceret.

12. Illā ipsā nocte hunc hostem novārum rērum cupidum iussū patrum ad mortem mīsī. Quī quidem bellum inter cīvēs in hāc rē pūblicā movēre ausus esset nisi sine morā esset captus atque interfectus.

13. "Incolās huius terrae hortābor ut in amīcitiā populī Rōmānī maneant." Quod suīs mīlitibus Caesar saepe dīcēbat.

    _____

    _____

    _____

14. Iste homō quī fidē caret ac virtūte multum tempus cōnsulātum petit. Sī autem eum accipiat, magnō omnēs mōtū in cīvitāte terrēbuntur.

    _____

    _____

    _____

15. Postquam imperātum est ut omnēs prō moenibus pugnārent, quō tandem animō gravem ferre timōrem tuum poterās? Mihi quidem eō tempore mēns eadem manēbat: studium bellī erat ingēns. Multī autem ab hostibus pulsī sine lēge fugiēbant.

    _____

    _____

    _____

16. "Quae tē amat, eandem tū amās."
    "Fēlīx est quī eī placet quam amat."
    "Fidē autem caret iste frāter levis, quī aliam amat, aliam tenet."

    _____

    _____

    _____

17. Speciē vīcerant nostrī, rē autem victī erant. Ita fassī essent nisi timōre poenae mōtī essent. Nē cōnsul quidem ūllō tempore vēra dīcere ausus est.

_____

_____

_____

_____

18. "Quod erat fātum eīs virīs quī in bellum grave ā Caesare ductī sunt?"
    "Aliī in proeliō interfectī sunt, aliī domum iam redībunt."

_____

_____

_____

19. Ut in prōvinciā eram, tuī ūnīus saepe memineram. Erat autem nihil novī quod scrīberem aut ex tē quaererem.

_____

_____

_____

20. Quis tandem illud carmen dē rērum nātūrā fēcit quod multōs diēs noctēsque legō? Hoc quidem intellēxī: nātūrā atque ingeniō suō vīvunt omnia et moventur.

_____

_____

_____

21. Haec clārā vōce dīcam ut facile mē audīre possītis, ō sociī: Neque hostēs superāre possumus nec iam salūs ūlla ā dīs bonīs datur. Quam ob rem vōbīs imperō ut fugiātis. Hōc quidem tempore aliter facere nōn potestis.

    _____

    _____

    _____

    _____

22. Tōtum diem domī manēbam nē ab inimīcīs in urbe vidērer. Sī quidem ab eīs vīsus essem, mala tulissem. Nē cum gladiō quidem īre domō audēbam.

    _____

    _____

    _____

23. Marcus suō frātrī dīxit: "Uter nostrum cōnsul legētur? Tū quidem populō bene placēs, mihi multī in senātū sunt amīcī." Neuter autem cōnsulātum cēpit.

    _____

    _____

    _____

24. Nisi cōnsilium mox cēperimus, servōrum exercitū vincēmur. Utinam cōnsul ipse Rōmā paucīs diēbus veniat cum magnā manū mīlitum fortium ut istīs hominibus imperet ut arma pōnant et sententiīs atque iussīs populī Rōmānī pāreant.

    _____

    _____

    _____

    _____

25. Omne animal ex agrīs ēgī etsī erat rēs difficilis. Nam mox redībit manus hostium ācrium cum armīs.

_____

_____

_____

26. Eam lēgem in tuō cōnsulātū tulistī cui nunc ipse nōn pārēs. Quārē moneō ut in exsilium abeās.

_____

_____

27. Cōnsulēs, postquam ē proeliō rediēre, senātūs iussū in forum ductī erant ubi pūblicē prō suīs rēbus gestīs laudārentur.

_____

_____

_____

28. Tū quis hominum es? Nam Rōmam numquam ante vēnī neque tē vīdī ante hunc diem umquam oculīs meīs.

_____

_____

_____

29. Omnēs glōriam quaerunt, alius aliō modō. Quam ob rem sententiam dē virtūtibus Catilīnae in senātū dīcere audēbō. Sī aliter patrēs sentient, iussās poenās cum fidē dabō.

_____

_____

_____

30. Quō tempore annī incolae prōvinciae terrae mōtūs tulērunt? Nēmōne mihi dē hāc rē dīcet?

_____

_____

_____

31. Huius poētae ingenium iam expertus sum atque artem. Quārē ab eō quaesīvī ut rēs gestās cōnsulātūs meī cum fidē cūrāque trādat. Dī immortālēs, utinam nē aliter faciat!

_____

_____

_____

32. Rōmam vēnimus eōdemque tempore nōbīscum vēnit Caesar ut in senātū dē rēbus pāce bellōque gestīs dīceret.

_____

_____

_____

33. Quis umquam in aliīs terrīs exilia et fugās multōrum cīvium piōrum patiātur? Quam ob rem in hāc urbe haec multī mortālēs ferunt?

_____

_____

_____

34. Iuppiter, audī mē ipsum—verbīs sī movērī poteris ūllīs. Ā tē piē petō ut pācem dēs atque omnia ā mē meīsque pellās perīcula.

_____

_____

_____

35. Sī tē fāta vocent, nōn vīribus ūllīs ē morte fugiēs. Alius aliud cōnātus est. Nēmō potuit umquam.

---

36. Ille homō audāx, quī meō iussū in exsilium pulsus erat, multōs annōs errābat. Nūllae enim eum urbēs accipiēbant, nūlla moenia. Ob eam rem manū suā sē interfēcit.

---

37. Inter morās senātūs cōnsulem monēbam ut auxiliō esset cīvibus. Nihil autem mihi respondēbat. Namque fugam ab urbe eā ipsā nocte sibi ac suīs iam parābat.

---

38. Numquam ante hoc tempus incolae ūllīus prōvinciae exercitum populī Rōmānī ab agrīs suīs pepulēre. Quibus dē rēbus Rōmae alia ab aliō dīcēbantur. Cōnsul tandem ūnum fīlium mīsit quī ad id bellum auxilia ā sociīs missa dūceret.

---

39. "Sī post haec mihi bona sit fāma, fēlīx sim."

    "Tuārum rērum gestārum per omnīs annōs, ut mihi quidem vidētur, meminerint senātus populusque Rōmānus."

    _____

    _____

    _____

    _____

40. Hōc ipsō tempore sociī in servitūtem acerbam, rēx magne, pelluntur. Nōs quidem, hominēs fēlīcīs, hōc malō iam līberāvistī. Namque aciē mentis tuae omnium rērum vim et nātūram vīderās.

    _____

    _____

    _____

    _____

41. Haec, meī cīvēs, quaerō: quis īnsidiās cōnsulī parāvit? Quō tempore et quō modō? Rēs novās movēre cōnābātur? Nēmō quidem vestrum illud audēret.

    _____

    _____

    _____

42. Magnae eō tempore erant rēs gestae nōn mīlitum sōlum sed etiam cīvium. Ūnī sē atque eīdem studiō omnēs dedēre et artī: falsīs īnsidiās verbīs facere ut hostīs omnīnō superārent.

    _____

    _____

    _____

43. Virtūs ūnīus hominis auxiliō atque salūtī fuit cīvibus Rōmānīs. Quā ex causā urbs tōta līberāta est timōre. Ingēns aliīs erat gaudium, mihi ante omnīs; nam meus fīlius erat ille homō.

44. Postquam Caesar in prōvinciam vēnit, aliae cīvitātēs imperiō populī Rōmānī pārēre optābant, aliae iam arma cēperant atque proelia petēbant. Quae ubi omnīnō intellēcta sunt, Caesar tōtī exercituī imperāvit ut bellum parāret.

45. In forō meīs cīvibus idem dīxī quod vōbīs in senātū: "Sī cōpiās ad prōvinciam cum Caesare mīseritis, inimīcitiās atque odia inter populōs prōvinciae tōtīus movēbitis. Quō modō sociōrum quoque invidiam patī poteritis?"

46. Hic vir clārus ex Italiā iussū tuō āctus est nē iam oculīs ūllīus cīvis Rōmānī vidērētur. Etenim mittēbātur quō sōlus sine amīcīs vīveret atque omnibus bonīs carēret.

47. Haec graviter ac bene dīxistī. Equidem aliter sentiō. Moneō ut hunc mīlitem sōlum nocte mittāmus quī rēgem ipsum manū suā interficiat. Hōc quidem modō hostēs pugnent inter sē.

_____

_____

_____

_____

48. Tūne eum in exsilium īre patiēre quī inter cīvēs rēs novās movēbat, quī cōnsulem interficere cōnābātur, quī omnīnō sē gerēbat ut sibi ipsī cōnsulātum caperet? Quid tandem malī nōn et dīxit et fēcit?

_____

_____

_____

_____

49. Saepe errat animus; hoc vērō meīs oculīs vīdī: nostrī, quamquam eō diē ācriter pugnābātur, vincī ab hostibus nūllō modō potuērunt.

_____

_____

_____

50. Equidem manum certam per rūra mittam; eīsdem imperābō ut impiōs cīvēs quaerant eōsque Rōmam ferant.

_____

_____

_____

51. Leve cīvibus hoc perīculum bellī, cōnsulī sōlī grave vidēbātur. Quam ob rem mīlitēs monuit ut arma parārent.

_____

_____

_____

52. Hōs servōs miserōs hortēmur nē ūllī dominōrum pāreant. Nūllus umquam servus līberārī nōn cupīvit.

_____

_____

_____

53. Multum cīvēs sententiā differēbant. Aliī Catilīnam sequī cupiēbant, aliī hortābantur ut ipse sine morā caperētur. Aliter autem senātuī placuit.

_____

_____

_____

54. Postquam tōta rēs pūblica tandem in paucōrum iūs cessit, nē speciēs quidem fuit in senātū lībertātis. Nam patrēs ūnī fidem dederant, ūnī pārēbant.

_____

_____

_____

55. Eō diē ad forum īvī locumque petīvī unde clārē vōcēs cōnsulum audīre possem. Etenim populum monuērunt nē mōtum sociōrum omnīnō timēret.

_____

_____

56. In rēbus incertīs Cicerō nōn quaesīvit ubi ipse sine perīculō vīveret, sed unde auxiliō posset esse cīvibus suīs.

_____

_____

_____

57. Quemadmodum multōs amīcōs habēs, sīc nōn paucōs inimīcōs. Sī tē ē senātū hī pellere cōnentur, illī certē auxilium tibi ferent.

_____

_____

_____

B. Write in Latin with some attention to good Latin word order.

1. What did the consuls say about the serious disturbance among the allies? Many men in the senate were urging that one (of them) remain in the city, (that) the other lead an army into the province in order that the inhabitants might obey the authority of the Roman people.

_____

_____

_____

_____

2. In no way would I listen to the words of that man without trustworthiness. For he feels one thing, says another thing. Under a false appearance is the man himself.

_____

_____

_____

3. Caesar has ordered his troops to bear (that they bear) heavy weapons into battle. Why, then, do some soldiers lack swords, others enthusiasm? (Write the first sentence twice, first using **iubeō**, then using **imperō**.)

_____

_____

_____

_____

_____

4. A. By whose order have you come, and why are you seeking me?
   B. No one ordered me, and I have come on account of no cause.

_____

_____

_____

5. At that time a fierce battle line of enemies had been seen in front of the city walls. On account of this cause in homes and temples terrified citizens were seeking from the immortal gods that they drive the danger away from the city.

_____

_____

_____

_____

6. Things that seem trivial in appearance might truly be important to us all. Therefore I advise that we ponder seriously the movements of this small band of wicked men who desire to stir up revolution among the people.

_____

_____

_____

_____

_____

7. On this very day I shall dare to attack Cicero with hidden treachery in order that not any longer may harsh words be said against Catiline. And in this way my anger could be shown to the whole citizenry.

_____

_____

_____

8. My wretched brother fled from this town at night in order that he might not be seen by enemies who were searching for him. After many days the same men captured him by an appearance of friendship and carried him away to another land.

_____

_____

_____

9. Unless we order the allies to obtain other weapons for themselves, in this difficult situation they will presently ask for the aid of the Roman people.

_____

_____

_____

_____

10. Your brave son fought in the battle line and killed many men with his own hand. Now he is taking up arms on behalf of the freedom of the homeland. All good men would do the same thing. For no one does not desire to keep a thing that he has obtained with difficulty.

_____

_____

_____

_____

_____

11. You are desiring to fight in a battle line. Therefore you will soon depart to war from where you may carry away gold for yourself. I, for my part, shall prepare to flee to where I may be freed from fear.

_____

_____

_____

_____

12. At that time of the year in which Caesar was seeking arms and allies, men from the province came to him in order that they might obtain peace.

_____

_____

_____

Drill 94   Relative Clauses of Characteristic

A. Translate these sentences containing Relative Clauses of Characteristic and give the syntax of the italicized words.

1. Sōlus erat quī haec intellegere *posset.*

   He alone was able to understand these things

   posset: imperf. subj.

2. Illud est quod tē *terreat.* Nihil est quod timeam.

   That is the sort of thing which could scare you

   There is nothing which I could fear.

   ter- pres. subj.

3. Nūllus erat servus quīn fugere *cōnārētur.*

   There was no slave who did not attempt to flee

   _con- 3rd pl. ... ...

4. Quid est quod ille eō tempore nōn fēcerit prō patriā, nōn *dīxerit*?

_____

_____

_____

_____

5. Sapientia est rēs ūna quae timōrem agat ex animō.

_____

_____

6. Nōn illī sunt quī mortis perīculō terreantur.

_____

_____

7. Nēmō erat quīn ā rēge laudārī cuperet.

There was no one (of the sort) who was

not desiring to be praised by the king

cuperet: imperfect active subj.
erat: imperfect active indicative

8. Sōla erant quae eī dūrō placērent.

They were the only (sort of) things that were

pleasing to the harsh men.

erant: imperfect active indicative
placerent: imperfect active subj.

B. Write these sentences in Latin.

1. There was no soldier of the sort who desired to flee from the battle.

_____

_____

2. Who is there who would follow this king into war?

_____

_____

3. What is there of the sort that moves that harsh girl of yours?

_____

_____

4. There was no one of the sort who had not heard these things.

_____

_____

5. There are those (people) who would surrender the city to the enemies.

_____

_____

C. Translate these sentences containing either Relative Clauses of Characteristic or Relative Clauses of Purpose.

1. Nihil est quod tibi dīcere dē mūnere cōnsulis possim.

_____

_____

2. Paucōs fortēs in urbem mittimus quī illa perficiant.

pres. active indic   *pres. act. subj.*

We are sending a few brave men into the
city in order that they may accomplish those things.

3. Senātus ante proelium mīlitēs mīserat quī arma ad nostrōs ferrent.

pluperf. act. indic.   *impf. active subj.*

The senate had sent soldiers in order that
they might carry arms to our people.

4. Caesar erat cuius iussīs omnēs pārērent.

   _____

   _____

5. Mīsistīne arma quibus virī prōvinciae pugnent?

   _____

   _____

6. Hominī nātūra animum dedit quō corpus regerētur.

   _____

   _____

7. Sōla est nostra cīvitās quae vincī nōn possit.

   _____

   _____

8. Erant quī in Cicerōnem dīcere audērent.

   _____

   _____

Drill 95–96 Participles

A. On a separate sheet provided, write a synopsis for each of the following verbs in the indicated persons, numbers, and genders.

1. dō, 3rd sing. neut.
3. mittō, 1st pl. fem.
5. fateor, 2nd pl. masc.
7. audeō, 2nd sing. masc.
9. eō, 3rd pl.

2. capiō, 1st sing. masc.
4. morior, 3rd pl. fem.
6. perficiō, 3rd sing. neut.
8. moneō, 1st pl. fem.
10. sum, 2nd sing.

B. 1. Identify the tense, voice, gender, number, and case of each participle.

2. Translate each phrase.

Example: poētae librum scrībentis

1. present active, masc. sing. gen.
2. of the poet writing a book

1. mīlitem morientem

_____

_____

2. rēx suōs hortātus

_____

_____

3. virum multa bella expertum

_____

_____

4. ā rēgīnā nostram terram regentī

_____

_____

5. facta perficienda

_____

_____

6. cīvīs urbem hostī trādentēs

_____

_____

7. mihi multa quaerentī

_____

_____

8. manus pācī aut proeliō parāta

_____

_____

9. mīlitī moritūrō

_____

_____

10. exercitus discessūrus

_____

_____

11. Cicerō fugere cōnāns

_____

_____

12. lēx lāta

_____

_____

13. cōnsul Rōmā discēdere ausus

_____

_____

14. nōbīs pecūniā carentibus

_____

_____

15. cōnsulem in senātū sententiam dictūrum

_____

_____

16. hostium ante moenia vīsōrum

_____

_____

17. cīvēs omnia passī

_____

_____

18. hōs servitūte līberandōs

_____

_____

19. amīcīs Rōmae vīventibus

_____

_____

20. dē carmine bene scrīptō

_____

_____

21. verba ab omnibus audīta

_____

_____

22. fēminae vītam bonam agentī

_____

_____

23. liber legendus

_____

_____

24. frātrem Rōmam euntem

_____

_____

Drill 97 Attributive and Circumstantial Participles

Translate these sentences containing attributive and circumstantial participles. When it is possible, translate the participle as part of a subordinate clause, and be sure to show the relative time of the participle to the main verb.

Example: Mīles mortem timēns ācriter pugnābat.

✱ identify participles

The soldier, fearing death, was fighting fiercely.
Although the soldier was fearing death, he was fighting fiercely.

1. Puer in viā ambulāns amīcōs vīdit.

_____

_____

_____

2. Ductī in perīculum timēbāmus.

_____

_____

_____

3. Caesar mīlitēs omnia passūrōs ausūrōsque dūcēbat.

_____

_____

_____

4. Servus captus poenās dabit.

_____

_____

_____

5. Sociī ad oppidum ab hostibus victum vēnērunt.

_____

_____

_____

6. Liber ad frātrem missus ā sorōre tamen legitur.

_____

_____

_____

7. Vocātus vēnissem.

_____

_____

_____

8. Miserō auxilium petentī erat parva fidēs.

_____

_____

_____

9. Nūllus homō in urbe captā vīvēbat.

_____

_____

_____

10. Mīles fortis corpus cōnsulis auferre cōnāns est interfectus. *(perfect)*

conans: present active, nom. (contemporaneous)
modifies Miles

When the brave soldier tried to carry off the body, he was killed.

11. Hominēs inimīcī in prōvinciīs ā Rōmānīs in servitūtem pulsī bellum gerere cupiēbant.
(nom.)   (nom. perf. passive)   (pres.)   (imperfect)

The hostile men, in the province, having been driven

Homines inimicī

into slavery by the Romans, were desiring to wage war.

12. Impiōs populum male regentēs ōdimus. *(D.O.)*

regentēs: present, Acc.

impios

We hate the impious men ruling the people badly

13. Rēx virōs bellum gestūrōs arma capere iussit.

guesturos - future, Acc.

viros

The king ordered the men, who were about to wage war, to take up arms

14. Mea verba ā multīs audīta tamen ā paucīs intellēcta sunt.

audita - perfect passive, acc. (nom?)

verba

Although my words had been heard by many people, they were understood by few

15. Patriam amāns pugnāre cupiō.

amāns: pres. active, nom. - contemporaneous

modifies Patriam

Because I love my country, I desire to fight

16. Perīculum ventūrum timēmus.

ventūrum : future active, nom.

modifies periculum

We fear the danger about to come

17. Poēta puerīs carmen canēns cum studiō audīrētur.
                                                              (subj. imp. passive)

canēns: present active nom. - contemporaneous w/ audīrētur

poeta

If the poet had been singing the song to the boys, he would be
heard with enthusiasm

18. Cicerō īrā mōtus verba acerba dīxit.
                                          perfect

mōtus: perf. passive, nom

mod. cicero

Cicero, moved by anger, he said harsh words

19. Eīs nihil quaerentibus nōn respondēbō.

quaerentibus: present active, dative

mod. Eīs

I will not respond to those who are
seeking nothing.

20. Dōna in ārīs posita ā dīs accipientur.

_____

_____

_____

Because
Since
Although

Drill 98 Ablative Absolute

Translate these sentences containing ablatives absolute. Try to give at least two different translations for each ablative absolute.

1. Hīs rēbus gestīs, Caesar suōs ad Italiam redīre iussit.

_____

_____

_____

2. Hostibus urbem vincentibus, aliī cīvēs pugnāre optābant, aliī fugere.

_____

_____

_____

3. Tē rēge, ō Rōmule, metū servitūtis līberābimur.

_____

_____

_____

4. Captō cōnsiliō, virī arma parāvēre.

_____

_____

_____

5. Patientibus multa mala incolīs, auxilium mittere dēbēmus.

multa mala -present

6. Hīs ā Iove dictīs, Iūnō tamen īram tenēbat.

Hīs dictīs - perfect

7. Rēge moriente, rēgīna mōtum populī timēbat.

Rege moriente - present

8. Moenibus vī captīs, incolae arma hostibus trādidēre.

moenibus captis -perfect

9. Moenibus vī captīs, incolae arma hostibus trādidissent.

moenibus captis - perfect

10. Caesare in Italiam redeunte, multī bellum inter cīvēs timēbant.

_____

_____

_____

11. Glōriam in proeliō multōs annōs petēbam. Quā captā, sapientiam cupiēbam.

_____

_____

_____

12. Cicerōne cōnsule, multī cīvēs tamen rēs novās optābant.

_____

_____

_____

13. Patriā līberā, quam ob rem bellum geritur?

_____

_____

_____

14. Līberātīs cīvibus prōvinciae ac sociīs, Caesar multum laudātur.

_____

_____

_____

Drill 99–100 Participles and Periphrastics

A. Translate. Give one possibility.

1. vocātī

_____

2. capiēns

_____

3. vocandī

_____

4. capienda erat

_____

5. vocātī sunt

_____

6. captūra erat

_____

7. vocandī sunt

_____

8. capta sunt

_____

9. vocātī erant

_____

10. capta est

_____

11. vocātūrī

_____

12. capienda

_____

13. vocantēs

_____

14. captūra

_____

15. vocātūrī sunt

_____

16. capientēs

_____

17. vocandī erant

_____

18. capiendī

_____

B. Write in Latin.

1. it has to be moved   2. it has been moved

   _____   _____

3. it had been moved   4. it had to be moved

   _____   _____

5. it had had to be moved   6. I moved

   _____   _____

7. I (m.) was moved   8. I was moving

   _____   _____

9. I (m.) was going to move   10. I (f.) had been moved

   _____   _____

C. 1. Indicate whether each sentence contains an *active* or a *passive* periphrastic.
   2. Translate each sentence into English.
   3. Underline each Dative of Agent.

   Example: Ad oppidum <u>amīcīs</u> mittendus es.

                 1. passive periphrastic
                 2. You have to be sent to the town by (your) friends.

1. Impiī urbem illīs hostibus trāditūrī sunt.

   _____

   _____

   _____

2. Post bellum arma positūrī erāmus.

_____

_____

_____

3. Verba poētārum mīlitibus audienda sunt.

_____

_____

_____

4. Quid factūrae estis, sorōrēs?

_____

_____

_____

5. Nōs omnēs moritūrī sumus. Quod vōbīs intellegendum est.

_____

_____

_____

6. Hic servus miser dominō dūrō erit līberandus.

_____

_____

_____

7. Quoniam urbs capta est, nōbīs in exilium eundum est.

_____

_____

_____

8. Cicerō populō mala facta Catilīnae mōnstrātūrus erat.

_____

_____

_____

9. Propter bellum in prōvinciīs auxilium nostrīs petendum erat.

_____

_____

_____

10. Novum tuum carmen, Vergilī, in forō cantūrus es?

_____

_____

_____

11. Senātus ob invidiam Cicerōnem in exsilium est āctūrus.

_____

_____

_____

12. Rōmā sine morā fugiendum erit aut in hōc locō moriendum.

13. Sī in bellō pugnātūrus sīs, mī Lūcī, magnum gladium optēs.

14. Sī bellum gerendum esset, peterētisne nova arma?

15. Nisi verbum bonum dictūrus eris, dīc mihi nūllum.

16. Istud factum, nisi tū ipse fēcissēs, mihi faciendum fuisset.

17. Etsī Rōmam omnibus bonīs iam veniendum est, domī maneō.

_____

_____

_____

18. Id quod neque est neque fuit neque futūrum est mihi dīcis.

_____

_____

_____

Drill 100–103   Short Sentences and Syntax

Genitive of Description
Dative of Agent with a passive periphrastic
Ablative of Description
Ablative of Origin

Study the principal parts of and read the vocabulary note on **nāscor**. **Translate** these short sentences with some regard for good English usage, and from the list above **give the syntax** of the italicized words.

1. Ī, nāte *deā*, atque fer auxilium ad nostrōs.

   _____

   _____

   _____

   deā _____

2. Pompeium cum fidē sequāmur. Est enim vir magnā *arte* ac virtūte.

   _____

   _____

   _____

   arte _____

3. Sociī nostrī proelium decem *diērum* difficulter tulērunt.

   _____

   _____

   _____

   diērum _____

4. Hī virī fortēs omnibus *cīvibus* laudandī sunt.

_____

_____

_____

    cīvibus _____

5. "Quā *speciē* est tua puella?"
   "Ea *tibi* videnda erit."

_____

_____

_____

    speciē _____

    tibi _____

6. *Animō* bonō est ille homō, nātus gravī *patre*.

_____

_____

_____

    animō _____

    patre _____

7. Amīcum bonae *fideī* cupiunt omnēs.

_____

_____

_____

    fideī _____

8. Nē pārueris, mī fīlī, virō nūllīus *cōnsilī*.

_____

_____

_____

    cōnsilī _____

9. Quid *nōbīs* patiendum erit sī hostēs urbem capient?

_____

_____

_____

    nōbīs _____

10. Īnfēlīx cōnsul clārō *patre* nātus tamen in exsilium ā populō missus est.

_____

_____

_____

    patre _____

11. Quintus erat pulchrō corpore, malō quidem *ingeniō*.

_____

_____

_____

    ingeniō _____

12. Causam prō Catōne, virō magnae *sapientiae*, agam.

      _____

      _____

      _____

      sapientiae _____

Exercises, CHAPTER X

A. Translate.

1. Sapientiā ūtentēs atque virtūte prō rē pūblicā, vim Catilīnae nōn passī sumus. Quō quidem interfectō, stetit pāx, stetit cīvitās, stetit populus Rōmānus. Quis est quī haec nōn fateātur?

_____

_____

_____

2. Ambulābam per mediam urbem levia mēcum cōgitāns, ut meus est mōs. Marcum in forō stantem cum fēminā vīdī atque eīs salūtem dīxī.

_____

_____

_____

3. Hīs servīs captīs nōn est ūlla spēs lībertātis nisi per fugam. Ob eam causam ex hāc terrā abīre audeant!

_____

_____

_____

4. Multī inter proelium oppidum relīquērunt. Lēgātus bonīs atque honestīs mōribus numquam illud faceret nē iussus quidem ā Caesare. Hostibus enim oppugnantibus, ex illō locō nōn abiit. Suōs autem in aciē stāre ac pugnāre iussit.

_____

_____

_____

_____

5. Multa animālia ac pulchra, ō dī immortālēs, cadent ante ārās vestrās sī nōs per mediōs hostīs, per omnem labōrem sine cāsū dūcētis. Pāce tuā, Iuppiter, servābimur.

_____

_____

_____

6. Nōbīs hōc tempore mente ācrī opus est. Nam difficile est, inquam, haec intellegere nec possunt oculī nātūram nōscere rērum.

_____

_____

_____

7. Profectīs cum exercitū in prōvinciam cōnsulibus, urbs īnfēlīx ab hostibus oppugnantibus dēlēta est; incolae quoque armīs eōrum cecidērunt. Sī autem potuisset mīles honestus corpus cognōscere rēgis, id quidem eius nātō post bellum trādidisset.

_____

_____

_____

_____

8. Rēgīnae nostrae est aequus animus. Namque amīcōs et līberōs et servōs habet. Nēminī hominum inīqua est. Omnibus contrā rēx dūrō esse pectore vidētur.

_____

_____

_____

9. Mīles sine virtūte erat Lūcius. Nam pugnāns prō moenibus magnopere terrēbātur. Nūllum umquam forte factum ausus est. Etiam nunc nūllam meminit aciem nisi quā fūgerit.

_____

_____

_____

10. Homō quīdam antīquīs mōribus petendus est quī populum rēs novās magnopere cupientem regat. Sī contrā spem omnium hic fīnem bellō inter cīvēs faciat, nova quidem cīvitās nāscī possit.

_____

_____

_____

11. Lēgātus quīdam iussū Caesaris ūnō diē Rōmam proficīscētur ubi senātuī verba ducis referat. Etenim per prōvinciam iēns multa perferet perīcula.

_____

_____

_____

12. Magnō mē metū līberābis, Catilīna, sī in exilium ieris. Quārē cōnsul tē monet ut sine morā discēdās. Discēdat etiam ex urbe ista impiōrum manus, tuōrum quidem sociōrum. Utinam vōcī cōnsulis atque imperiō pāreās!

_____

_____

_____

_____

13. Nostrīs loca iussa tenēre magnō labōre cōnantibus, hostēs tamen moenia oppugnāre ac dēlēre poterant. Mediā autem nocte urbis cāsus omnibus cīvibus perlātus est.

_____

_____

_____

14. Tū semper, Lūcī Sergī, cum cīvibus quibusdam inīquīs īnsidiās contrā rem pūblicam faciēbās. Quod caecīs, ut dīcunt, satis clārum erat. Propter meam dīligentiam atque senātūs vim et virtūtem tē in bonōs movēre nōn potuistī.

_____

_____

_____

_____

15. Multīs hostibus in eō proeliō captīs aut interfectīs, dux pectore fortī sequī tamen aliōs quī marī ūtentēs fugiēbant nōn poterat.

_____

_____

_____

16. Virōs ad sē vocāvit dux: "Ante oculōs interque manūs," inquit, "sunt omnia vestra. Fugere nōn potestis nec spēs ūlla salūtis erit nisi hostēs ē patriā pepuleritis. Dē hīs rēbus satis dictum est."

_____

_____

_____

17. Tū propter ingenium tuum ac sapientiam ōrātiōnem apud senātum habēre possīs. Ego quidem metū nōn ausus sim.

_____

_____

_____

18. Sī frāter meus in mediā aciē stāns cum glōriā cadat, omnēs fāmam eius cāsūs meminerint. Sīc semper fortibus erit.

_____

_____

_____

19. Ut hic mīles armīs ūtitur, sīc tū quoque eīs ūtere. Mihi quidem nec vī nec gladiō opus est. Verbīs mē servāre ipse poterō, quae sōla erunt mihi arma.

_____

_____

_____

20. Ita ōrātor ille monēbat ubi ōrātiōnem apud patrēs habēbat: "Nisi pācem sine morā ab hostibus petīverimus, neque urbs neque domus ūlla stāre poterit. Nam certa quaedam lēx est quam omnēs nōverint: nihil victīs relinquitur."

_____

_____

_____

21. Relinquēbātur ūna per fīnēs hostium via, quā nostrī metū īnsidiārum īre nōn possent. Quam ob rem in nōtōs locōs rediēre.

_____

_____

_____

22. Tē hortor, mī homō, ut spem fidemque teneās. Auxilium, meā quidem sententiā, ferētur ab iīs dīs quibus hominēs piī sunt cūrae. Semper nōs servāvērunt ac servābunt.

_____

_____

_____

23. Tuō vīvit sub pectore virtūs, Quīnte frāter. Nam aliīs ob metum fugientibus, tū sōlus aequō animō Rōmae manēre audēbās. Pugnantibus tandem in mediā urbe cīvibus, iūre Athēnās profectus es.

_____

_____

_____

_____

24. Ille ōrātor omnibus nōtus cōnsulem honestum contrā mōrem petīvit quoniam eum in
    senātū cum gladiō ante vīderat. Vīs enim atque arma patribus magnō erant metuī.

    _____

    _____

    _____

25. Caesar ante proelium suōs ad locum quendam dūxit unde hostēs facile oppugnārentur.

    _____

    _____

26. Huic lēgātō honestō, quoniam satis nōtī mōrēs eius erant, imperāveram ut prō populō
    Rōmānō Carthāginem īret ubi ā rēgīnā pācem peteret.

    _____

    _____

    _____

27. Cicerō apud populum dīcēns eīsdem nōn ūtēbātur verbīs quibus ante senātum. Sententiam
    autem eiusdem generis dedit.

    _____

    _____

    _____

28. Mīlitibus in eundem locum vocātīs, Caesar eōs post proelium in fīnīs dūxit eārum
    cīvitātum quārum fidē ante ūsus erat.

    _____

    _____

    _____

29. Dux perīculum sentiēns omnēs cōpiās in ūnum locum dūxit ac lēgātum bonae fideī mīsit
    quī cōnsilia hostium nōsceret. Quae omnia, ubi ille cognōverat, ducī cum fidē rettulit.

    _____

    _____

    _____

30. Sī apud senātum ōrātiōnem habitūrus sīs, tibi opus sit nōn cōpiā sed quōdam modō
    verbōrum.

    _____

    _____

31. Ego, patrēs cōnscrīptī, rēs nōtās nōtīs verbīs dīcam. Catilīna ipse hōc ipsō diē ex urbe
    pellendus est. Illud est cōnsilium quō senātus carēre nōn possit. Hōc enim homine inīquō
    atque impiō in rē pūblicā manente, nēmō erit quīn magnopere sibi ac suīs timeat.

    _____

    _____

    _____

    _____

32. Quam ob rem ista verba inīqua contrā rem pūblicam dīxistī? Nūllus est homō quīn
    ōrātiōnem illīus generis magnopere ōderit. Populō autem ea ōrātiō quā apud senātum
    ūsūrus es nōn placēbit.

    _____

    _____

    _____

    _____

33. Augustō mortuō, aliī cīvēs deōrum fāta, aliī artēs fēminae timēbant. Cuius fīne apud senātum relātō, multa prō vītā ac rēbus gestīs dicta sunt. Quīdam contrā dīxēre.

34. Multōs labōrēs terrā marīque pertulī; iam nōn sine magnā spē ad novam terram cum meīs nātīs vēnī. Incolārum quī haec loca tenent mōrēs nōbīs nōscendī erunt.

35. Perfer, amīce magne, atque mē audī. Nam ego tē bene cognōvī ac tibi verba magnae sapientiae dictūrus sum: Amōrī, dūrō quidem deō, nōn es vincendus. Nātūra enim hominī animum dedit quō pectus regātur.

36. Mīlitēs animālibus ūtuntur quibus arma atque aliās rēs ferunt. Quis est quīn hoc nōverit?

37. Istam ōrātiōnem, Marce fīlī, apud populum aequē habuistī. Mox inter ōrātōrēs bonōs accipiēris.

38. Utinam Tullius ille, ōrātor magnī ingenī, contrā sententiam Antōnī dīcat! Ita rem pūblicam servāverit. Etenim sōlus est quī hoc opus perficere possit.

_____

_____

_____

39. Athēnās venī ubi sapientiam ac mōrēs antīquōrum cognōscās. Quibus intellēctīs, fēlīcem vītam agās.

_____

_____

_____

40. "Nihil, mē duce, umquam malōrum patiēminī, virī fortēs. Nam hostibus urbem oppugnantibus, vestrīs vīribus, vestrā virtūte nōs sumus servātī."

_____

_____

_____

41. Fīlium tuum ad aciem iam profectum vidēre nōn potuī. Illum autem frātris locō habeō, quī ex tē nātus est, cui sunt tuī mōrēs. Utinam ex manibus hostium servātus domum redeat!

_____

_____

_____

42. Cūr timēs, Marce Tullī? Nunc animīs, nunc pectore audācī est opus. Nam nōtum est tibi perīculum atque tibi ūnī multa perferenda erunt.

_____

_____

_____

43. Suī generis sunt animālia; nōs quoque. Namque hominem nōscere possīs, nōn hominēs omnēs. Deōs quōsdam mente nōscimus etsī ipsōs vidēre nōn possumus. Utinam vērē possēmus!

_____

_____

_____

44. Pompeiō et Crassō cōnsulibus, Caesar exercitum Rōmānum in fīnīs hostium dūcere parāvit. Cognitō eius cōnsiliō, incolīs satis erat ad alium locum fugere.

_____

_____

_____

45. Quīdam fīnem labōrum ac perīculōrum faciat! Sī deōrum mūnere hoc mihi dētur, ingēns erit gaudium.

_____

_____

_____

46. Manūs nātūra hominī dedit quibus arma tenēre posset. Nōn illud omnīnō apud Cicerōnem legitur, sed verba eius generis.

_____

_____

_____

47. Cāsum īnfēlīcem urbis nostrae facile sentīrēs. Nam hostēs eam per īnsidiās captam omnīnō dēlēbant. Incolae aut fūgerant aut miserē interficiēbantur. Ūnus puer decem annōrum servārī potuit.

48. Nāscitur amīcitia inter hominēs magnae virtūtis, sed factīs nōn verbīs amīcum bene nōscās. Amīcitia autem prō sē ac per sē petenda est. Haec habuī quae dē amīcitiā dīcerem. Fīnem nunc meae ōrātiōnis faciō.

49. Hoc oppidum, quamquam omnēs incolae ācriter pugnāvērunt, vī captum atque dēlētum est, omniaque quae auxiliō urbī esse possent Carthāginem sunt ex illō locō relāta. Cecidit quoque in aciē meus nātus.

B. Write in Latin with some attention to good Latin word order.

1. If there were a need for fierce words, the consuls would be summoning a certain orator not only of huge talent but also of great skill. Now, on the contrary, in a situation of this kind we are going to say nothing.

———————————————————————

———————————————————————

———————————————————————

———————————————————————

2. Speaking in the presence of the senate, you could make an honorable speech about the serious fall of that beautiful city of the allies. In that way many wretched citizens might be saved from the danger of death.

———————————————————————

———————————————————————

———————————————————————

———————————————————————

3. Who is there who would allow the city walls to be destroyed on account of the treachery of a few disloyal men? If our soldiers fight bravely, the city will not fall! (Express the protasis in two different ways.)

———————————————————————

———————————————————————

———————————————————————

———————————————————————

4. Although many of us were greatly fearing the death of the honorable king, a certain legate of well-known trustworthiness reported the truth (true things): having set out to Rome with his son before the battle, that leader had been saved. (Express the concessive clause in two different ways.)

    _____

    _____

    _____

    _____

    _____

5. Let us learn the customs of that hostile race; for in fact out from enmity a great friendship might be born.

    _____

    _____

    _____

6. Endure, friend! We are certainly going to (a place) where we may enjoy freedom and just law. Nothing will be accomplished without great hardship!

    _____

    _____

    _____

7. In the middle of the night the son of the well-known leader (who had) already (been) killed in battle came to the town and reported serious things about the attacking enemies. On account of this cause arms for the battle about to be had to be obtained by all men.

    _____

    _____

    _____

    _____

    _____

8. If only you had heard my speech made on behalf of Cicero's consulship! Indeed, it was a speech of the sort that all just men praised.

_____

_____

_____

9. A certain unfortunate thing was reported to me (while I was) warning the citizens: the city of our allies, having been attacked by enemies, was not able to be saved.

_____

_____

_____

10. If you should depart from Rome, you would want to bring many things with you. What things would you need if you were going to the countryside?

_____

_____

_____

11. When you are the leader, the soldiers do not fear. These men, on the contrary, on account of your just and honorable character, are going to set out to battle without fear. (Express the temporal clause in two different ways.)

_____

_____

_____

_____

_____

12. After the sons of that (famous) orator set out into the territory of the enemies, on the same night our city was attacked and destroyed. And because of this misfortune we must now be ruled by unjust and evil men. Nothing of the ancient practices will stand.

_____

_____

_____

_____

_____

Drill 105–106 Infinitives

A. On a separate sheet provided, write a synopsis for each of the following verbs in the indicated persons, numbers, and genders.

1. pellō, 3rd sing. neut.
2. cognōscō, 3rd pl. neut.
3. oppugnō, 1st pl. fem.
4. dēleō, 1st sing. masc.
5. ūtor, 3rd. sing. masc.
6. sentiō, 3rd pl. fem.
7. quaerō, 2nd sing. fem.
8. referō, 2nd pl. masc.
9. sum, 2nd pl.
10. eō, 1st sing.

B. Identify the tense and voice and translate each infinitive.

	Identification	Translation
Example: vēnisse	**perfect active**	**to have come**
	Identification	Translation

1. audīrī _____ _____

2. audīvisse _____ _____

3. audītus, -a, -um esse _____ _____

4. audiendus, -a, -um esse _____ _____

5. profectus, -a, -um esse _____ _____

6. profectūrus, -a, -um esse _____ _____

7. proficīscī _____ _____

8. fuisse _____ _____

9. futūrus, -a, -um esse _____ _____

10. esse _____ _____

	Identification	Translation
11. fore	_____	_____
12. rēctus, -a, -um esse	_____	_____
13. rēxisse	_____	_____
14. regī	_____	_____
15. morī	_____	_____
16. mortuus, -a, -um esse	_____	_____
17. moritūrus, -a, -um esse	_____	_____
18. pōnere	_____	_____
19. positus, -a, -um esse	_____	_____
20. positūrus, -a, -um esse	_____	_____
21. mīsisse	_____	_____
22. mittī	_____	_____
23. mittendus, -a, -um esse	_____	_____
24. missus, -a, -um esse	_____	_____

C. Write these infinitives in Latin.

1. to be destroyed _____

2. to have destroyed _____

3. to be about to destroy _____

4. to lead _____

5. to be led _____

6. to have led _____

7. to follow _____

8. to have followed _____

9. to be about to follow _____

10. to have to be followed _____

11. to carry _____

12. to be carried _____

13. to have been carried _____

14. to be able _____

15. to have been able _____

16. to have used _____

17. to use _____

18. to be captured _____

19. to have been captured _____

20. to be about to capture _____

21. to be having to be captured _____

22. to perceive _____

23. to have perceived _____

24. to be perceived _____

25. to have been _____

26. to be about to be _____

27. to have gone _____

28. to be about to go _____

29. to be left behind _____

30. to have been left behind _____

Drill 107   Indirect Statement

A. 1. Underline each Subject Accusative and each infinitive.
   2. Translate these sentences containing indirect statements.

1. Nōvistīne trēs lēgātōs ad prōvinciam mittī?

_____

_____

2. Audiēbam trēs lēgātōs ad prōvinciam missōs esse.

_____

_____

3. Caesar dīxit sē trēs lēgātōs in prōvinciam missūrum esse.

_____

_____

4. Mīles fatētur esse magnum sibi Caesaris metum.

_____

_____

5. Mīles fassus est magnum esse metum Caesaris.

_____

_____

6. Quīdam sentiēbant illōs audācēs tibi ex urbe pellendōs esse.

_____

_____

7. Vīdī ipse illōs ā tē ex urbe pellī.

_____

_____

8. Nōbīs relātum est senātum illōs ex urbe pulsūrum.

_____

_____

9. Caesar dīcitur ā suīs amārī.

_____

_____

10. Dictum est Caesarem ā suīs amārī.

_____

_____

11. Ferunt Marcum Iūliam magnopere amāvisse.

_____

_____

12. Iūlia dīxit sē ā Marcō multum amārī.

_____

_____

13. Omnēs nōvērunt Marcum ā Iūliā numquam esse amātum.

_____

_____

14. Hoc tibi intellegendum est: amōrem omnia vincere.

_____

_____

15. Vir captus rettulit multōs servōs prō lībertāte pugnātūrōs.

_____

_____

16. Cōnsul suīs oculīs vīdit multōs servōs prō lībertāte pugnāre.

_____

_____

17. Cōnsulēs sentiunt servōs nōn esse līberandōs. Alia est mihi sententia: līberōs esse omnēs
    dēbēre.

_____

_____

18. Cecinērunt poētae Augustum mortuum inter deōs acceptum esse.

_____

_____

19. Ferunt Augustum post mortem deum factum esse.

_____

_____

20. Augustus dīcitur post mortem deus factus esse.

21. Mīlitēs rettulēre multās in illō bellō mortēs fuisse.

22. Ante bellum cōgitābāmus paucās fore mīlitum mortēs.

23. Fāma est dūrum bellum ā nostrīs gestum.

24. Fāma erat patrem meum interfectum esse; frātrem autem etiam vīvere.

B. 1. Write each direct statement in Latin.

2. Rewrite each as an indirect statement after **dīcit**, "he says." Then translate.

Example: She is placing gifts on the altar.

> 1. **Ea dōna in ārā pōnit.**
> 2. **Dīcit eam dōna in ārā pōnere.**
>   **He says that she is placing gifts on the altar.**

1. A good reputation will always remain.

_____

_____

_____

2. Ancient Carthage was a beautiful city.

_____

_____

_____

3. Many men are being led into war.

_____

_____

_____

4. A great speech was heard in the forum.

_____

_____

_____

5. The minds of mortals must be moved by the words of the poet.

_____

_____

_____

C. 1. Write each direct statement in Latin.
   2. Rewrite each as an indirect statement after **dīxit**, "he said." Then translate.

   1. The king of the province is dying.

_____

_____

_____

   2. Few inhabitants were seen on the island.

_____

_____

_____

   3. A certain difficult thing has to be done by us.

_____

_____

_____

   4. The citizens of the captured town will flee into the province.

_____

_____

_____

5. The dutiful poet sang of the deeds of the gods.

_____

_____

_____

6. The history of the Romans must be handed down to all our sons.

_____

_____

_____

Drill 109   Subordinate Clauses in Indirect Statement

1. Underline each subordinate clause that appears inside an indirect statement and identify the *mood* of the verb in this clause.
2. Translate the entire sentence.

1. Cicerō dīxit sē sōlum ex omnibus cīvibus quī patriam amārent eam servāre potuisse.

_____

_____

_____

2. Senātus sentit hunc hominem ex urbe agendum esse quoniam cōnsulēs interficere
   cōnātus sit.

_____

_____

_____

3. Multī referēbant Catilīnam, postquam Rōmā discessit, omnia vī et armīs āctūrum esse.

_____

_____

_____

4. Audīvī carmina nova ā Catullō scrībī quae apud amīcōs cantūrus esset.

_____

_____

_____

5. Omnēs cognōvimus incolās, ubi moenia ipsa ab hostibus oppugnentur, fugere cum suīs cupere.

_____

_____

_____

6. Propertius dīxit sē semper Cynthiam amātūrum esse quamquam nihil aliud prō certō dīcere posset.

_____

_____

_____

Drill 110   Comparison of Adjectives and Adverbs

A. Give the *comparative* and *superlative* forms in the *full nominative singular* for these adjectives.

Example: Positive   Comparative   Superlative
           altus, -a, -um   **altior, altius**   **altissimus, -a, -um**

Positive	Comparative	Superlative
1. honestus, -a, -um	_____	_____
2. fēlīx, fēlīcis	_____	_____
3. facilis, facile	_____	_____
4. validus, -a, -um	_____	_____
5. gravis, grave	_____	_____
6. ācer, ācris, ācre	_____	_____
7. caecus, -a, -um	_____	_____
8. miser, misera, miserum	_____	_____
9. similis, simile	_____	_____
10. nōtus, -a, -um	_____	_____

B. 1. Supply the correct form of the *comparative* degree of the adjective to modify each noun.

   2. Translate each phrase. Give one possibility.

   Example: 1. (beautiful)   **pulchriōrum**   fēminārum
                 2. **of rather beautiful women**

	Form		Translation
1. (sharp)	_____	gladiō	_____
2. (brave)	_____	mīlitī	_____
3. (unjust)	_____	verba	_____
4. (deep)	_____	marī	_____
5. (bold)	_____	ducēs	_____
6. (serious)	_____	perīculum	_____
7. (humble)	_____	servōs	_____
8. (tranquil)	_____	cīvium	_____
9. (beautiful)	_____	locō	_____
10. (happy)	_____	vōcēs	_____

C. 1. Supply the correct form of the *superlative* degree of the adjective to modify each noun.

   2. Translate each phrase. Give one possibility.

   Example: 1. (friendly)   **amīcissimō**   puerō
                 2. **to/for the very friendly boy**

	Form		Translation
1. (tall)	_____	moenia	_____
2. (similar)	_____	mentium	_____
3. (miserable)	_____	agricolās	_____

Drill 111   Irregular Comparative and Superlative Adjectives and Adverbs

A. Give the *comparative* and *superlative* forms in the *full nominative singular* for these adjectives.

Positive	Comparative	Superlative
1. parvus, -a, -um	_____	_____
2. magnus, -a, -um	_____	_____
3. multus, -a, -um	_____	_____
4. bonus, -a, -um	_____	_____
5. malus, -a, -um	_____	_____

B. Translate these phrases into English.

1. melior amīcus _____

2. maiōrēs nostrī _____

3. maxima facta _____

4. virī pessimī _____

5. minimō perīculō _____

6. peius cōnsilium _____

7. plūrimī hominēs _____

8. diē optimō _____

9. plūs aurī _____

10. domūs minōrīs _____

11. maior pars _____

12. maximā vōce _____

C. Write in Latin.

1. of very many citizens   2. for the rather small girl

_____   _____

3. more books (d.o.)   4. the custom (subj.) of the ancestors

_____   _____

5. with a very good sword   6. with the least trustworthiness

_____   _____

7. of the worst poet   8. for the very great king

_____   _____

9. better matters (d.o.)   10. rather bad citizens (subject)

_____   _____

D. Give the *comparative* and *superlative* forms for these adverbs.

Positive	Comparative	Superlative
1. male	_____	_____
2. magnopere	_____	_____
3. bene	_____	_____

Positive	Comparative	Superlative
4. multum	_____	_____
5. saepe	_____	_____
6. parum	_____	_____
7. diū	_____	_____

E. Identify the degree of each adverb and write in Latin.

1. very well

_____

2. more greatly

_____

3. rather often

_____

4. badly

_____

5. best

_____

6. often

_____

7. especially

_____

8. least

_____

9. earlier

_____

10. first

_____

11. quite well

_____

12. worse

_____

Drill 112 Constructions with the Comparative and Superlative Degrees

A. Short Sentences and Syntax

Partitive Genitive
Ablative of Comparison
Ablative of Degree of Difference

Translate these short sentences with some regard for good English usage, and from the list above **give the syntax** of the italicized words.

1. Pulchrior est puella quam māter.

   _____

   _____

2. Quid servō melius est *lībertāte?*

   _____

   _____

   lībertāte _____

3. Maxima *urbium* erat Rōma.

   _____

   _____

   urbium _____

4. Patria Cicerōnī *multō* cārior erat *vītā*.

_____

_____

multō _____

vītā _____

5. Caesar pessimō *diērum* Rōmam rediit.

_____

_____

diērum _____

6. Auxilia ā sociīs missa ad Italiam paucīs ante *diēbus* vēnērunt.

_____

_____

diēbus _____

7. Tibi opus est plūs *virtūtis*, mī Lūcī. Audē *multō* fortius pugnāre.

_____

_____

virtūtis _____

multō _____

8. Nihil est peius *morte* acerbissimā. Quam prīmum ē proeliō fugiāmus!

_____

_____

morte _____

9. Omnēs nōvērunt fortius esse verbum quam gladium.

_____

_____

10. *Multō* difficillimum est verba illīus poētae intellegere.

_____

_____

     multō _____

B. Translate these sentences.

1. Discēdite quam prīmum! Capta enim est urbs.

_____

_____

2. Quis est amantior patriae quam ille cīvis optimus?

_____

_____

3. Mīlitēs nostrī in bellum ācerrimum missī sunt. Utinam quam fortissimē pugnent!

_____

_____

4. Hostēs minimum oppidum maximā vī oppugnant.

_____

_____

5. Tēcum labōrābō quō haec facilius perficiantur.

_____

_____

6. Quamquam multa habēmus, plūra cupimus.

_____

_____

7. Melius Lūcius canit quam ego; habet enim melius carmen.

_____

_____

8. Quoniam amīcitia deōrum est dōnum quam optimum, quam humillimē auxilium ab eīs petēbam.

_____

_____

9. Rōmae multō fēlīcior eris quam rūrī.

_____

_____

10. Mōs maiōrum nōbīs sequendus est.

_____

_____

11. Nihil est sapientiae similius cōnsiliīs deōrum.

_____

_____

12. Servī miserius quam līberī vīvunt. Etenim vīta servī est miserrima.

_____

_____

13. Bene pugnāte, ō virī, quō plūs glōriae capiātis.

_____

_____

Exercises, CHAPTER XI

A. Translate.

1. Sunt quī arbitrārī soleant plūrimōs hominum pecūniā prō bonō ūtī. Utinam eī ipsī melius
eā ūterentur!

_____

_____

2. Quam fortissimus contrā nōtam audāciam Catilīnae erat Marcus Tullius. Īnsidiīs illīus
cognitīs, sēnsit hic rem pūblicam in ingentī fore perīculō. Ad templum igitur Iovis patrēs
quam prīmum vocāvit.

_____

_____

_____

_____

3. Parum piē auxilium ā deō dōnīs in ārā positīs petīvistis. Parum igitur auxilī dōnāvit.

_____

_____

4. Fortiter ē corpore tēlum dūcēbam etsī ācer erat sēnsus. Nē tēlum istud mē miserum
invēnisset!

_____

_____

5. Hostēs multa tēla in mediās cōpiās dē summō mūrō iaciēbant. Nostrī contrā metū mortis ingentī fugiēbant. In aciē stetissent!

_____

_____

6. Timet pater amantissimus huic puerō, quī est eī vītā multō cārior. Sīc honestissimum sē esse mōnstrat.

_____

_____

7. Equidem inter mōtūs cīvium partēs Caesaris relīquī. Tē, quoniam illīs temporibus in eādem sententiā semper mānseris, sapientiōrem quam mē dīcunt fuisse.

_____

_____

_____

8. Cicerō arbitrābātur amīcitiam inter hominēs summae quidem virtūtis nāscī. Etenim quis est quī ab hāc sententiā differat?

_____

_____

9. Pater paulō ante mortem hunc mihi gladium dedit, quō solēbat dīcere sē bene in multīs proeliīs ūsum esse.

_____

_____

10. Aut cāsū quōdam aut fātō illud longum tēlum ab hoste missum tē invēnit. Eō nunc bene ūtere ac rem magnī labōris perfice. Haec tibi dīcō quō maiōre pugnēs animō.

_____

_____

_____

11. Prīmā lūce signō datō, longē tēla mittēbant mīlitēs. Sciēbāmus eōs brevī tempore contrā hostem stāre ac gladiīs in manū pugnāre ausūrōs esse.

_____

_____

12. Cīvēs dūra dē cōnsulibus inter sē atque inter sociōs iaciēbant. Plūs erat in eōrum dictīs invidiae quam sapientiae.

_____

_____

13. Verbīs imperātōris parum intellēctīs, legiōnēs crēdēbant hostīs castra mediā nocte oppugnāvisse. Quīdam vērō sapientiōrēs dīcēbant eōs prīmā lūce oppugnāre parāre.

_____

_____

_____

14. Sī in campō cum duce stārēmus, et aciēs hostium et signa nostrōrum facilius vidēre possēmus. Nunc dē mūrīs parum vidēmus.

_____

_____

15. Illud oppidum etiam sine mūrō bellum minimē timēbat quoniam cīvibus erant plūrima arma ac maxima audācia.

_____

_____

16. Dux populī, iacere mūrōs magnō pectore cupiēns urbemque suīs dare, tamen Iūnōnis ob īram nōn poterat.

_____

_____

17. Cicerō sentiēbat Catilīnam in exsilium esse agendum. Longā apud senātum ōrātiōne habitā, haec quam brevissima clārā vōce respondit Catilīna: "Itūrus sum." Paulum vērō eī erat morae; nam vīvēbat etiam Cicerō.

_____

_____

_____

_____

18. Paulō post bellum incolae humiliōris quidem fortūnae interfectī sunt, aliī honestiōrēs longē ex prōvinciā missī sunt.

_____

_____

19. Gaius sē in altum cum audāciā iēcit. Nam vītam servāre cōnsulis cōnābātur, magnam arbitrāns sē glōriam parātūrum esse. Quod post factum fortissimum miserē periit.

_____

_____

_____

20. Patrēs maiōrēsque nostrī mūrōs quam maximōs iaciēbant quibus incolae ex perīculīs servārentur. Mūrōs igitur quam validissimōs iaciāmus, ō cīvēs, quō melius et nōs vīvāmus.

_____

_____

_____

21. Quis nostrum nescit Cicerōnem multō melius loquī quam aliōs ōrātōrēs? Cicerōne loquente, nēmō est quī similiter sē umquam dictūrum esse crēdat. Agat igitur ōrātor ille nostram causam.

_____

_____

_____

22. Lēgātō piō crēdāmus quī dīcit nūllum umquam bellum illī in prōvinciā simile futūrum esse. Huic enim putō esse sēnsum ācrem summamque fidem.

_____

_____

23. Cūr tandem Catilīna nōbīscum manet? Aut sē ex urbe quam prīmum ipse ēiciat aut ā populō ēiciātur.

_____

_____

24. Multī longō periēre in amōre. Mihi contrā brevēs erant ignēs: ūnam puellam amāvī, quae alium cupiēbat quamque nunc maximē ōdī.

_____

_____

25. Lēgātus optimus, quoniam hostium aciem dē mūrō vīderat, longum fore ac difficillimum proelium arbitrātus, cum summō metū ad campum suōs dūcere ausus est. Quī plūrima prīmum tēla iēcērunt; mox gladiīs in manū pugnābant.

_____

_____

_____

_____

26. Ignēs dē caelō missī animōs mortālium saepe terrēbant. Etenim multī diū crēdēbant īram eō modō hominibus Iovem mōnstrāre solēre.

_____

_____

27. Hominēs, quamquam multīs rēbus humiliōrēs sunt, hāc rē maximē animālia superant:
    loquī possunt. Hōc prīmum omnium dissimillimī sunt animālibus.

    _____

    _____

28. Post proelium ācerrimum mortuōs in campō prīmā lūce vīdimus, aliōs brevēs parvōsque,
    aliōs corpore ingentēs. Quōrum corpora omnium iussū imperātōris in castra quam
    prīmum abstulimus.

    _____

    _____

    _____

29. Parum ōdisse malōs cīvēs vidēris. Dīc mihi, Catilīna, satisne patriam amās? Equidem putō
    tē bellum inter cīvēs multō magis quam pācem cupere.

    _____

    _____

    _____

30. Rēs quam maxima est patriae auxilium dedisse. Quod quidem Lūcius fēcit. Eī cōnsilium
    quaerentī dīxī invidiam paucōrum perferendam esse quoniam aequum prō populō fēcisset.

    _____

    _____

    _____

31. Ignī et ferrō ante moenia pugnantēs, legiōnēs Rōmānae parvam manum hostium facillimē
    superāvērunt. Brevī autem tempore oppidum crēdēbātur captum ac dēlētum esse.

    _____

    _____

    _____

32. Imperātor paulō ante lūcem in campō mīlitēs prīmae legiōnis hortātus est ut maiōra audērent: "Signa ad hostēs ferentēs, multō fortius quam illī pugnāte. In eōdem locō cum virtūte manentēs, glōriam fāmamque invenīte." Hīs dictīs, omnēs in proelium sē ēiēcēre. Paucī quidem periēre.

---

33. Dux magnae audāciae, quamquam suōs ex hostium tēlīs servāvit, sē tamen in certō perīculō posuit. Sōlus in campō contrā hostem pugnābat; brevī tempore est interfectus. Plūra tibi, sī scīrem, dīcerem; nihil vērō aliud prō certō sciō.

---

34. Imperātor prīmum rettulit frātrem meum, quamquam fortissimē contrā hostēs pugnāvisset, in aciē tamen post longum tempus cum signō legiōnis suae cecidisse; tēlum autem in pectore inventum.

---

35. Ille cīvis, Marcus quīdam, ex humilī locō nātus, in forō nōn est ausus loquī. Sentiēbat enim optimōs sōlum populō audiendōs. Hic contrā dissimilī erat sententiā; longam quidem ōrātiōnem dē summīs rēbus magnā audāciā habuit.

36. Diū dē mōribus Catilīnae sēnsibus caecus, caecus, inquam, fuī; nunc autem clārius sentiō. Nam summī virī nostrae reī pūblicae omnia mihi vēra mōnstrāvērunt: castra contrā populum Rōmānum illum impium cum pessimīs cīvium posuisse.

37. Eaedem saepe sunt sententiae et meae et tuae, sed in eā rē multum dissimilēs. Ūna spēs, ut mihi vidētur, rem pūblicam servāre potest: populum Rōmānum maiōrum similem fore. Tibi autem spēs est nūlla. Nam crēdere solēs hominēs semper audāciā prō sapientiā ūtī.

38. Mihi in forō stantī mala quaedam relāta sunt: Caesarem fidē suōrum carēre; hostēs iam castra Rōmāna cēpisse; multōs etiam nostrōrum interfectōs esse. Quibus in senātū audītīs, aliī peiōra timēbant, aliī arbitrābantur lēgātōs quam prīmum esse mittendōs quī rēs cognōscerent.

39. Ad ārās humiliter ambulāvī humilīque ōrātiōne ūsus sum: "Iuppiter, mē per tēla, per ignīs in salūtem dūcās!" Hīs dictīs, viam ex urbe quaerēbam, quam tandem deō dūcente invēnī.

40. Imperātor in ūnō omnibus satis auxiliī fore crēdēns mē sōlum nocte in castra hostium mīsit ut ducem eōrum interficerem. Quam prīmum laetus rediī ac rettulī factum esse quod imperāvisset. Crēdidī autem nōn longum id gaudium exercituī fore.

41. Sapientiōribus nōtissimum est multōs sēnsūs, inter quōs sint amor metusque et audācia, dare suī signa et posse nōscī.

_____

_____

_____

_____

B. Write in Latin with some attention to good Latin word order.

1. A certain rumor went through the countryside: that the commander of the camp had been killed, that the terrified legions were fleeing without (their) standards.

_____

_____

_____

2. (While he was) speaking in the forum, Cicero said that a war among the citizens would be most unlike any other war and (would be) a far worse thing.

_____

_____

_____

3. We shall never find a commander similar to Caesar. No man would be able to be loved more greatly by his soldiers than that one.

_____

_____

_____

4. There is no one (of the sort) who does not know that the walls that were already established by Romulus saved our ancestors in war.

_____

_____

_____

5. Since the Romans very often were accustomed to follow(ing) the practices of the ancestors, they accomplished few things that were truly new. Indeed, they felt that the works of the ancient men were much better than their own.

_____

_____

_____

_____

6. Who would believe that fires have destroyed the highest temples of the city? Do you suppose that the gods, to whom this city was always most dear, are seeking other homes?

_____

_____

_____

7. Let us dare to speak very honorably with the legate sent by the enemies in order that we may make an end of war as soon as possible.

_____

_____

_____

8. The son of the king very humbly reports the words of his much wiser father: that no human being is able to know the far-reaching plans of the gods.

_____

_____

_____

9. When Cicero had spoken many rather harsh things about Catiline in the presence of the senate, the leader of the citizens (who were) standing in the forum made a speech of similar sense.

_____

_____

_____

10. We believe the same things that you (believe): that the accomplishments of the ancestors, who were by far the wisest of men, must be praised by the citizens more greatly than the deeds of our fickle commander.

_____

_____

_____

11. While the legions on the plain were throwing very many spears, the commander reported that a rather well-known lieutenant, who indeed had been born from the highest race, was setting out alone toward the walls of the enemies.

_____

_____

_____

12. The leader of the first legion, after he returned at dawn from the territory of the allies, discovered that part of the camp had been destroyed by fire; that few men, however, had been killed.

_____

_____

_____

Drill 114–115   Direct Questions and Deliberative Subjunctive

A. Translate these questions. Identify all Deliberative subjunctives.

1. Utrum vīvit etiam rēx noster an periit?

2. Nōnne ōrātiōnem Caesaris audīvistī?

3. Utrum ducem in bellum sequāmur? Caesaremne an Crassum?

4. Quō ītis? Ad forum ambulātis an domum?

5. Quid ad tē scrībam? Cūr nūllum ā tē verbum accēpī?

6. Num verba audīvēre imperātōris suī?

7. Pecūniamne meō amīcō dōnem an librōs?

_____

_____

8. Nōnne Catilīnam discēdere ex urbe iubēbis?

_____

_____

9. Quis in aciē pugnāre audeat?

_____

_____

10. Utrum ante mūrōs stābat an nōn?

_____

_____

11. Quō modō haec ācta sunt?

_____

_____

12. Quō īrēmus? Ad quem locum nunc accēdāmus?

_____

_____

13. Num Rōmā cupis fugere? Nōnne tē tuōsque servābis?

_____

_____

14. Mīlitēsne in prōvinciam cum Caesare mittentur?

_____

_____

15. Amāsne meam sorōrem an nōn?

    myself sister   _whether or_ / _not_ *(handwritten glosses)*

Do you love my sister or not?

_____

16. Quid miserīs auxilium petentibus dīcerem?

  who   _help_   _I would say_ *(handwritten glosses)*

What would I say to the miserable who
ask for help

17. Quam ob rem Aenēān ōderat Iūnō?

_____

_____

18. In urbe manēre possīs sī opus sit?

_____

_____

B. Write these direct questions in Latin.

1. Should we send gold to the allies or arms?

_____

_____

2. An honorable man will not speak false words, will he?

_____

_____

3. Were the legates going to set out at dawn, or were they going to depart in the middle of the night?

_____

_____

4. Through what seas have you (masc. pl.) been brought to this land?

_____

_____

5. Cicero was speaking in the senate on that day, wasn't he?

_____

_____

6. You don't think that she saw me, do you?

_____

_____

7. Should I have returned to the province or not?

_____

_____

8. What slaves working in the fields did you see?

_____

_____

9. Did the legions approach the city walls or the plain?

_____

_____

10. Why should the Romans pass new laws? The ancient ones are just, aren't they?

_____

_____

Drill 116–117   Indirect Questions and Doubting Clauses

A. Translate these sentences containing indirect questions and doubting clauses.

1. Dīc nōbīs, Catilīna, quae cōnsilia cōgitāveris.

2. Dubium est num verba Cicerōnis populō placeant.

3. Pater ā mē quaesīvit utrum ōrātiōnem in forō habitam ipse scrīpsissem necne.

4. Scīre dēbēs quod signum in caelō vīsum sit.

5. Vōbīs nōn dubitandum est quīn plūrimī opera illīus poētae lēgerint.

6. Tōtā urbe dēlētā, incolae nesciunt quō eant.

7. Dīxistīne causam cūr putēs deōs hominum similīs?

_____

_____

8. Nēmō est quī nesciat cūr cōnsulem interficere cōnātus sīs.

_____

_____

9. Quaesīvimus quam ob rem nautae in īnsulā relictī essent.

_____

_____

10. Quō modō sciam quid mihi agendum sit?

_____

_____

11. Intellēxistīne quid dīceret Cicerō dē lēgibus reī pūblicae?

_____

_____

We was doubting whether the legions after the war signal

12. Dubitābāmus an legiōnēs post proelium signa rettulissent.

We was doubting whether the legions had brought
back the signal after the battle

We would
drive come to know will be
learn
13. Quid agāmus nōscendum erit.
Sub
He will learn what we should do

_____

14. Ā lēgātō accēpimus quid legiōnēs in castrīs agerent.

_____

_____

15. Invenīre nōn possum quemadmodum istī servī fūgerint.

_____

_____

16. Homō quīdam est quī scit quod quaeris ubi sit.

_____

_____

B. 1. Write each direct question in Latin.
    2. Rewrite each as an indirect question after the introductory words provided in parentheses.
    3. Translate the new sentence.

  1. Why are the inhabitants fleeing? (Tell me . . .)

_____

_____

_____

  2. What towns were destroyed? (No one knows . . .)

_____

_____

_____

  3. Did the enemies carry away the standards or not? (The soldiers were asking . . .)

_____

_____

_____

4. Will Catiline lead his comrades out from the city? (Cicero did not know . . .)

_____

_____

_____

5. Who placed those gifts on the altar? (Many men asked . . .)

_____

_____

_____

6. Were the city walls attacked by force? (Do you know . . .)

_____

_____

_____

7. What should we say to the departing citizens? (We do not know. . . .)

_____

_____

_____

8. To where are the troops being ordered to go? (He was asking . . .)

_____

_____

_____

Drill 118 Subordinate Clauses II: The Conjunction *cum*

A. Fill in the blanks.

1. Temporal **cum** clauses always have verbs in the _____ mood.

2. The two types of **cum** clauses that always have verbs in the subjunctive mood

   are _____ and _____.

3. If **cum** is followed by a verb in the imperfect subjunctive, it may be translated:

   _____ or _____ or _____.

4. When **cum** is followed by a verb in the perfect indicative and the main verb is in the

   present indicative, **cum** is translated _____.

5. When **cum** is followed by a verb in the present subjunctive, it may be translated

   _____ or _____.

6. When the verb in the main clause is either present or future time, the verb in a **cum**

   circumstantial clause is in the _____ mood.

7. When the adverb **tamen** appears in the main clause, the **cum** clause is

   _____ and has a verb in the _____ mood.

8. If **cum** is followed by a verb in the present indicative, it may be translated

   _____ or _____.

B. Translate these sentences. Give all possible meanings for **cum**.

   Example: Cum verba patris audīvissem, discessī.

                   (Under the circumstances) When/Because/Although
                   I had heard the words of (my) father, I departed.

   1. Cum Cicerō loquitur, cīvēs multa intellegunt.

   _____

   _____

   2. Cum Cicerō loquerētur, nihil tamen intellēxērunt cīvēs.

   _____

   _____

   3. Cum Cicerō locūtus est, multī audiunt.

   _____

   _____

   4. Cum Cicerō locūtus erat, multī audiēbant.

   _____

   _____

   5. Cum Caesar suōs in prōvinciam dūceret, incolae bellum timēbant.

   _____

   _____

   6. Cum Caesar suōs in prōvinciam dūxit, incolae bellum timēbant.

   _____

   _____

7. Cum Caesar suōs in prōvinciam dūxerat, incolae bellum timēbant.

_____

_____

8. Bonus fīlius habeor cum patrī pāreō.

_____

_____

9. Bonus fīlius habeor cum patrī pāruī.

_____

_____

10. Bonus fīlius habēbor cum patrī pāruerō.

_____

_____

11. Bonus fīlius habēbar cum patrī pāruissem.

_____

_____

12. Cicerō, cum aequam ōrātiōnem habuit, ā populō laudātur.

_____

_____

13. Cicerō, cum aequam ōrātiōnem habuerit, nōn tamen ā populō laudātus est.

_____

_____

14. Cum hostēs tēla iacerent, virtūte carentēs fugiēbātis.

enemy weapon they throw / should / courage / be without / you all / flee

sub

Although the enemies would throw their weapons, you all will be without courage because you all flee

15. Cum hostēs tēla iaciunt, virtūte carentēs fugitis.

_____

_____

C. Identify the type of **cum** clause for each, and write each sentence in Latin.

1. When Caesar was setting out from the camp, legates came about peace.

_____

_____

2. All things are uncertain whenever there is a departing from right.

_____

_____

3. Many of our men have perished although the commander is making an end to the battle.

_____

_____

4. When a certain speaker was talking about the misfortunes of war, the wives of the captured soldiers were standing in the forum.

_____

_____

_____

5. There is not a need for long opinions in the senate since all the best men feel the same things.

_____

_____

6. Whenever our men attacked (repeatedly) the walls of that city with very great force, the enemies were standing firm.

_____

_____

Drill 119–120 *volō, nōlō, mālō;* Negative Commands with *nōlī* and *nōlīte*

A. Give the principal parts of **volō**, **nōlō**, and **mālō**. Translate all forms. Treat subjunctives as independent, giving one possibility.

Principal parts (**volō**): _____

_____

Principal parts (**nōlō**): _____

_____

Principal parts (**mālō**): _____

_____

1. vultis _____

2. velint _____

3. volentēs _____

4. nōlunt _____

5. nōluit _____

6. nōluisse _____

7. nōn vult _____

8. volēbam _____

9. mālle _____

10. mālit _____

11. vīs _____

12. velle _____

13. mālumus _____

14. volunt _____

15. nōlim _____

16. nōluerant _____

17. nōlumus _____

18. māvīs _____

19. volēmus _____

20. vellētis _____

21. nōluerim _____

22. mālētis _____

23. māluimus _____

24. nōlēns _____

25. nōllēs _____

26. mālēbat _____

27. māluissent _____

28. nōluēre _____

B. Write in Latin.

1. to be unwilling

_____

2. they might have been unwilling

_____

3. we used to be unwilling

_____

4. we wish

_____

5. he prefers

_____

6. to have preferred

_____

7. if only you (pl.) were willing

_____

8. I used to prefer

_____

9. you might prefer

_____

10. to have been willing

_____

11. men being unwilling (d.o.)

_____

12. they will be unwilling

_____

13. they prefer

_____

14. I had not wanted

_____

15. you wish

_____

16. she had preferred

_____

17. she might have wished

_____

18. to be willing

_____

19. they will have been unwilling

_____

20. if only I had not wished

_____

21. we shall prefer

_____

22. we shall be unwilling

_____

23. you (pl.) are unwilling

_____

24. if only they were preferring

_____

25. she wishes

_____

26. I shall be willing

_____

27. I might be willing

_____

28. the woman being willing (d.o.)

_____

C. Translate these sentences containing forms of **volō**, **nōlō**, and **mālō**.

1. Nōlīte, mīlitēs, hunc ducem sequī.

_____

_____

2. Utinam mīlitēs hunc ducem sequī nōluissent!

_____

_____

3. Quī mīles perīre mālit quam domum sine glōriā redīre?

_____

_____

4. Quid vīs, Iūlia? Quod vīs volō.

_____

_____

5. Nōlī nōs relinquere! Tēcum rūs īre volumus.

---

6. Nōlō ego timērī; amārī mālō.

---

7. Aenēās tandem ad Italiam dīs volentibus vēnit.

---

8. Loquī nōluerim dē morte cōnsulis.

---

9. Armīs populum regere māvīs quam iūre.

---

10. Senātus sciēbat Caesarem arma pōnere nōlle.

---

11. Meā amīcitiā ūtere ut volēs.

---

12. Neutrō imperātōrum volente, ex urbe nōn discēdēmus.

_____

_____

13. Omnēs hominēs piī morī prō patriā velint!

_____

_____

14. Hārum duārum rērum utram mālīs, amīce?

_____

_____

Exercises, CHAPTER XII

A. Translate.

1. Quō ante proelium puerōs territōs mīsistis? Mātrēs enim miserrimē ōrant ut dīcātis utrum longē ex urbe ablātī sint necne.

2. Quis est quī pecūniam amīcitiae praeferat? Dīc mihi hominemne huius generis nōveris necne.

3. Vērusne est rūmor Rōmānōs, quī multās gentēs vīcērunt, illam cīvitātem vincere nōlle? Nōnne illī regere terrās quam plūrimās cupiunt?

4. Pugnātur in viīs atque arma cīvēs petunt. Quam ob rem cīvēs vim cīvibus īnferre patiāmur? Lēx dē vī sine morā patribus est ferenda. Num ab hāc sententiā differs?

5. Quis huic manuī mīlitum praesit? Quem hīs virīs praeficiāmus? Nescīmus utrum melior sit dux Caesar an Pompeius.

_____

_____

_____

6. Hostēs contrā iūs fāsque partem cīvium in servitūtem pepulēre. Scīre volumus quae in terrīs gentēs hoc patī velint. Omnēs quidem honestī rogant ōrantque ut līberentur.

_____

_____

_____

7. Nōnne audīvistī rūmōrem per oppida euntem? Nūllum quidem dubium est quīn sit vērus.

_____

_____

8. Quid dē hōc cāsū facerēmus? Dubitābāmus enim an Caesar auxilium mitteret atque armīs tum carēbāmus quibus hostēs superārēmus.

_____

_____

_____

9. Nōlīte, meī cīvēs, oblīvīscī fortia facta patrum vestrōrum. Vestrae quoque virtūtis mementōte.

_____

_____

10. Catilīnam nōn habeam cīvem pessimum, cui nihil umquam nefās fuit?

_____

_____

11. Incolae prōvinciae victae rogābant ut dē mōre cīvitāte dōnārentur. Num scīs cūr lēx dē gentibus victīs nōn lāta sit?

_____

_____

12. Quid faciam? Inīqua mihi vidētur ista lēx, sed nefās est lēgibus nōn pārēre. Patrem igitur cōnsilium rogābō. Cum rem aequam scīre cupīvī, ille sapiēns mihi dīcit.

_____

_____

_____

13. Grātiās tibi agō quoniam liber quem mīsistī mihi maximē placet nec ūllum mūnus est quod huic praeferam.

_____

_____

_____

14. Unde arma nōbīs sunt paranda? Auxiliumne ab eīsdem quaerāmus quī nōbīs ante erant auxiliō? Novōs contrā sociōs atque dignōs inveniāmus!

_____

_____

_____

15. Ea puella quam modo amāvī alium amat. Nunc sciō quid sit amor nec iam vītam sine cūrīs spērō.

16. Caesar, cum litterīs gravibus vocātus esset, prīmā lūce ad castra est profectus. Duās tamen legiōnēs in campō relīquit quae proelium cōnficerent.

17. Hostēs quīdam captī, pars forte, pars cōnsiliō, līberātī sunt atque in prōvinciam redīre potuērunt. Utrum domī nunc manēre velint an aliud petere proelium est incertum.

18. Numquam mūnera tua prō mē meīsque bene cōnfecta oblīvīscar. Pereām cum fūgerit mea memoria tuī, quem praeter omnīs amō.

19. Dux hostium scīre volēbat castrane altīs in montibus Caesar posuisset necne. Quem hominum dē hīs rogāret? Tunc quidem praeter nōs nēmō erat.

20. Rem contrā iūs fāsque fēcistī: cīvem auxilium deōs ōrantem ab ārā pellere cōnātus es.

21. Ubi tandem gentium hominem antīquā virtūte ac fidē inveniāmus quī populum novās rēs cupientem regat?

_____

_____

22. Tū modo ad mē longās litterās scrībe. Scīre enim volō quid in senātū agātur, quid in forō. Nōnne mihi dīcēs omnia digna?

_____

_____

23. Cōnfectō bellō, Caesar lēgātōs fidē dignōs duābus legiōnibus in prōvinciā praefēcit. Ipse in fīnīs sociōrum proficīscēns castra nocte relīquit nē possent hostēs quō īsset cognōscere.

_____

_____

_____

24. Caesar, sī in Italiam nōlente senātū suum exercitum dūxerit, bellum suīs cīvibus īnferet. Quibus dē rēbus cum mē velītis plūs loquī, patrēs cōnscrīptī, nihil tamen dīcam; plūra iam dīxī quam voluī.

_____

_____

_____

25. Interfectae sunt fēminae ab hostibus captae. Quod quidem nostrīs mōribus nefās habētur. Nōn dubitō quīn plūrimī vestrum pācem praeferant bellō atque armīs, sed propter haec indignissima nōn pugnēmus?

_____

_____

_____

26. Erat tum inter cīvēs Gaius quīdam, quī forte litterās ā Catilīnā ad sociōs missās invēnerat. Quibus apud senātum lēctīs, dubium erat num Rōmam ille reditūrus esset.

_____

_____

_____

27. Rūmōrem modo audīvī: plūrimōs servōs indigna patientēs, dominīs interfectīs, in montīs cum armīs fūgisse; ducem autem ab eīs lēctum esse quem per omne fās ac nefās sequī vellent.

_____

_____

_____

28. Huic fēminae omnia alia fuēre praeter animum honestum. Cum enim auxilium ab hostibus quaererētur, arma prō aurō trādidit. Quam quidem fēminam spērāmus poenās maximās iussū populī esse datūram.

_____

_____

_____

29. Rogāsne cūr dīs immortālibus grātiās dignās agāmus? Multa praeter spem prō nōbīs cōnfēcērunt. Nam cum caderet urbs diū oppugnāta, nōs salūtem saepius ōrantēs audīvērunt ac servāvērunt.

_____

_____

_____

30. Cōnsul quam indignissimus grātiam apud rēgem nostrae cīvitātī inimīcum petīvit ac sua impia facta fatērī nōn vult. Quae cum ita sint, patrēs cōnscrīptī, eum reī pūblicae hostem nōn habeāmus, nōn ex urbe pellāmus?

_____

_____

_____

_____

31. Catilīna in forō stetit causamque ante populum ipse prō sē ēgit: "Falsus est ille rūmor quem forte accēpistis, meī cīvēs, neque cōnsulem umquam interficere cōnātus sum. Quod nefās nūllō modō fēcerim. Sī autem in exilium indignē missus erō, quō in terrīs īre poterō? Hoc ūnum ōrō: nōlīte mē ex Italiā pellere."

_____

_____

_____

_____

32. Cum Athēnīs vīverem, sapientem quendam saepe audiēbam quī dīcēbat nūllōs esse deōs praeter eōs quibus hominēs nōn essent cūrae. Etiam nunc eius verba dūra memoriā teneō.

_____

_____

_____

33. Quīdam ē mīlitibus per īnsidiās oppugnātī in montibus captī sunt eōrumque quī ad castra
redīērunt nēmō erat quī scīret aut unde vēnissent hostēs aut quō modō in eō locō inīquō
pugnāre potuisset. Nostrī autem modo īrā, modo audāciā mōtī, arma cēpēre, aliud
proelium spērāvēre.

_____

_____

_____

_____

_____

34. Ex memoriā, sī poterō, vōbīs dīcam quid dē bellō inter cīvīs cōnsilī senātus cēperit. Etenim
omnibus erat eadem sententia: eōs quī perīculum ac metum populō Rōmānō intulissent
cīvitāte indignōs esse habendōs.

_____

_____

_____

_____

35. Caesar lēgātōs ab incolīs montium missōs hortātus est ut eās rēs quās dīxerat memoriā
tenērent: "Sī in grātiam cum Caesare redīre voltis, cūr tandem arma pōnere, cūr imperiō
populī Rōmānī pārēre dubitātis?"

_____

_____

_____

_____

36. Falsīs rūmōribus terrēbāmur, sed nunc magnō cum gaudiō dīcis imperātōrem esse
    servātum, bellum bene cōnfectum. Nēmō tibi mortālium posset crēdere nisi ita rem
    referrēs ut ipse vīdistī.

37. Videāmus satisne parātus vēnerit hic quī cōpiīs praefectus est. Saepe enim cum mīlitibus
    praefuit vir nōn nōtus, iussīs pārēre nōlunt.

38. Utinam eī quī litterās sciunt nōbīs dīcant quem ad modum et quō animō antīquī Amōrem
    habēre solitī sint pulcherrimum deum.

B. Write in Latin with some attention to good Latin word order.

1. Whenever men forgot the customs of the ancestors, they erred greatly.

_____

_____

2. Since nations often differ among themselves in both customs and laws, one (nation) will inflict war on one, another on another.

_____

_____

_____

3. Do not doubt, Marcus Tullius, that many citizens prefer death to slavery. Whither (to where) are humans to go if they wish to be free?

_____

_____

_____

4. What was I to say when Cicero by chance asked whether I was willing to die on behalf of the homeland or not? Whenever that very famous orator asks me (my) opinion, I am greatly afraid, and I do not know what I should say.

_____

_____

_____

5. You have understood what (things) the commander said, haven't you? For he just now ordered the soldiers of the fifth legion to stand at the foot of the mountain in a battle line.

_____

_____

_____

6. Do you know, Quintus, whether Caesar will order the lieutenants whom he put in charge of the legions to break camp at dawn? There is a rumor that he himself is about to depart from the province. Is it true or not?

_____

_____

_____

7. When the consuls fled, there was fierce fighting among the citizens, now in the streets, now in the forum. Although no one knew how the people were to be controlled, a certain strong leader was put in charge of the city.

_____

_____

_____

8. When the war had been completed, most of the soldiers wanted to return home. There was no one (of the sort) who preferred the hidden dangers of war to the certain safety of peace.

_____

_____

_____

9. Tell me why Cicero is thought by certain men to be unworthy of the consulship. He saved the state when Catiline was inflicting war on Roman citizens, didn't he?

_____

_____

_____

10. To know the future (things about to be) is forbidden for human beings. Do not, then, try to learn your fate; for this is the (sort of) thing that the gods alone know.

_____

_____

_____

11. Do not ask me about the plans of Caesar, Marcus Tullius; for I doubt whether he himself knows what he is going to do.

_____

_____

_____

12. Since Caesar's legions are in charge of the city, let us beg the gods for kindness. That very strong commander might prefer to kill his enemies (rather) than to seek their advice.

_____

_____

_____

Drill 123   Gerunds and Gerundives

A. Fill in the blanks.

    1. A gerund is a verbal _____.

    2. A gerundive is a verbal _____.

B. 1. Identify each italicized word as a *gerund* or a *gerundive*.
    2. Translate each sentence.

    1. Imperātor *fugiendō* odium mīlitum mōvit.

    _____

    _____

    2. Imperātor male *gerendō* bellō odium mīlitum mōvit.

    _____

    _____

    3. Sapientia ars *vīvendī* putanda est.

    _____

    _____

    4. Sapientiā ūtere ad vītam bene *agendam*.

    _____

    _____

5. Ille sapiēns librīs *legendīs* plūra cognōscet.

_____

_____

6. Cicerō *loquendī* causā in forō stetit. Cupidī erāmus multa *audiendī*.

_____

_____

7. Ad rem pūblicam *servandam* Cicerō Catilīnam petēbat.

_____

_____

8. Rōmānī propter studium *vincendī* bella in multīs terrīs gerēbant.

_____

_____

9. Haec ōrātiō prō auxiliō ad sociōs *mittendō* habētur.

_____

_____

10. Cupida eram domum *redeundī*.

_____

_____

11. Aciēs nostrae in campō stetēre hostium *terrendōrum* grātiā.

_____

_____

12. Vir bonus ad eās rēs *perficiendās* mittātur.

_____

_____

13. Quis moenium *oppugnandōrum* signum dabit?

_____

_____

14. Servīs haec *agenda* relīquit.

_____

_____

C. 1. Translate each sentence.
   2. Give the syntax of the italicized words.

   Example: Ad Cicerōnem *audiendum* in forō mānsī.

               1. **I remained in the forum for the purpose of hearing Cicero.**
               2. **gerundive in the accusative with *ad* to express purpose**

   1. Mīlitibus erat magna spēs *superandī*.

   _____

   _____

   2. In templum ambulāvī ad grātiās dīs *agendās*.

   _____

   _____

   3. Poēta clārus *canendī* causā in forum vēnit.

   _____

   _____

4. Rēs quam pessima est in exsilium *mittī*.

_____

_____

5. Cupidī bene *vīvendī* rūs īvimus.

_____

_____

6. Caesar mīlitēs vocāvit ad prīmā lūce *proficīscendum*.

_____

_____

7. Multa *videndī* grātiā per viās ībant.

_____

_____

8. Bene *loquendō* populum regere possīs.

_____

_____

9. Satis est in sententiīs dīcendīs breviter loquī.

_____

_____

10. Quamquam mē dūcis, magnus est timor errandī.

_____

_____

11. Iste suī servandī grātiā ē proeliō fūgit.

_____

_____

12. Fās est īre in templum?

_____

_____

13. Lēgātōs pācis petendae causā sociī mīsērunt.

_____

_____

14. Rōmānīs erat studium bellōrum gerendōrum.

_____

_____

15. In prōvinciā manendō Caesar incolās terrēbat.

_____

_____

16. Ille est vir regendae reī pūblicae scientissimus.

_____

_____

D. Write these sentences in Latin.

1. By passing new laws we are granting freedom to many slaves.

_____

_____

2. The envoy came into the city for the sake of seeking peace.

   _____

   _____

3. The girl had a love of singing songs, and she needed a great voice for the purpose of singing.

   _____

   _____

4. Use your strong hands, soldier, for the purpose of carrying (your) weapons.

   _____

   _____

5. On account of his zeal for reading the boy carried away the books of (his) father.

   _____

   _____

6. A wise man wins many friends by giving.

   _____

   _____

7. In forming a plan many things must be pondered by us.

   _____

   _____

8. No Roman citizen had greater talent in pleading cases than Cicero.

   _____

   _____

Drill 124   Subordinate Clauses III

A. 1. Identify the mood of the verb in the subordinate clause.

  2. Translate each sentence.

  3. Give the syntax of the italicized words.

1. Caesar, antequam Rōmam *proficīscerētur*, litterās ab Antōniō accēpit.

[handwritten annotations: coasear before Rome could Sub (passive) from; letters Antonio recieved]

> Ceaser, before he could set out to Rome, recieved letters from Antonio

2. Dōnec sociī cum auxiliīs vēnērunt, semper timēbant cīvēs huius urbis.

[handwritten annotations: While the allies with to help they came indic always they were afraid citizens of the city walls]

> While the allies came with help, the citizens always were afraid of the city walls.

3. Cīvēs Caesarem laudābant quia mīlitēs bene *dūceret*.

[handwritten annotations: Citizens Ceaser were praising allegedly because soldiers well sub lead well imperf]

> The citizens praised Ceaser allegedly because he lead the soldiers well.

These work then was completed

4. Hoc opus mox perficiētur dum modo poēta cum dīligentiā *labōret*.

just now   *diligence*   *indic*
while   *poet with*   *work*

This work will be completed soon while only the

poet work with diligence

As long as   *this by soldiers*   *for the purpose of military camp*   *approaching*

5. Dum haec ā mīlitibus aguntur, hostēs ad castra accessēre.

While these things are being conducted by the soldiers,

the public enemies approached toward the military

camp

With you to speak   *I desire before house*   *you go away*   *indic*

6. Tēcum loquī cupiō priusquam domō discēdis.

"I desire to speak with you before you depart to home

7. Rōmānī rēgēs ēiēcēre quod lībertātem ac rem pūblicam *cuperent*.

8. Amēmus dum vīvimus. Vīvāmus modo *amēmus*.

9. Omnia illa ante facta sunt quam hostēs oppidum oppugnāvēre.

_____

_____

_____

10. Pater, quod morerētur, fīliōs ad sēsē vocāvit.

_____

_____

_____

11. Dum dōna in ārā pōnuntur, vīsa est in templō dea ipsa.

_____

_____

_____

12. In hōc oppidō manēbō dum mē abstuleris.

_____

_____

_____

13. Quia in senātū ōrātiōnem habitūrus sum, magnā vōce mihi opus est.

_____

_____

_____

14. Campum nōn relinquēmus dum dux iubeat.

_____

_____

_____

_____

15. Tuī meminerō dum meī ac meōrum nē oblīvīscāre.

_____

_____

_____

16. Priusquam nātus est Cicerō, erant multī ōrātōrēs magnī ingenī.

_____

_____

_____

Drill 125   Correlatives

1. Underline all relative clauses.
2. Give the function (demonstrative, exclamatory, interrogative, or relative) of each italicized word.
3. Translate each sentence.

> Examples: 1. *Tot* sententiae sunt <u>*quot* hominēs</u>.
> 2. tot: **demonstrative**; quot: **relative**
> 3. **There are as many opinions as (there are) men.**
>
> 1. *Quālī* genere est nātus?
> 2. quālī: **interrogative**
> 3. **From what sort of stock was he born?**

1. *Tantum* glōriae capere dēbēs *quantum* potes.

_____

_____

_____

2. *Tot* virī fortēs in illō bellō interfectī sunt.

_____

_____

_____

3. *Quantō* ācrius oppugnābant hostēs, *tantō* fortius nostrī stābant.

_____

_____

_____

4. *Quam* ācriter pugnābant hostēs?

5. *Quot* verba Cicerō dīxit!

6. *Tantam* numquam urbem vīdī *quanta* est haec.

7. Nesciō *quālis* sit iste homō.

8. *Quō* altius dē hīs cōgitō, *eō* certior sum.

9. Scrībit *tam* clārē *quam* ācriter.

_____

_____

_____

10. *Quot* diēs Rōmae mānsēre?

_____

_____

_____

11. *Quō* plūrēs litterās mittēs, *hōc* plūra intellegam.

_____

_____

_____

12. *Quam* pulchrē cecinit Iūlia!

_____

_____

_____

13. *Tot* in illā urbe impiī erant *quot* piī.

_____

_____

_____

14. *Tālem* librum scrībam *quālem* legere cupient omnēs.

_____

_____

_____

15. *Quālia* carmina ab Horātiō sunt scrīpta?

_____

_____

_____

16. *Tanta* virtūs erat Aenēae. *Quanta* tibi?

_____

_____

_____

17. *Quantum* amōris sat est?

_____

_____

_____

18. *Tantum* auxilium ad sociōs mittendum est *quantum* petīvēre.

_____

_____

_____

Drill 126   The Irregular Verb *fīō*

A. On a separate sheet provided, write a synopsis for **faciō/fīō** in the third person plural neuter.

B. Give the principal parts of **faciō** and **fīō**. Translate all forms. Treat subjunctives as independent, giving one possibility.

Principal parts (**faciō**): _____

_____

Principal parts (**fīō**): _____

_____

1. fit _____

2. fīēbam _____

3. factum sit _____

4. fī _____

5. fēcissem _____

6. facta sunt _____

7. fīās _____

8. facitis _____

9. faciēmus _____

10. fīam _____

11. fierī _____

12. fīmus _____

13. fēcerō _____

14. facta essem _____

15. fīunt _____

16. faciēs _____

17. fīte _____

18. facite _____

19. factus es _____

20. fēcēre _____

21. fieret _____

22. fac _____

23. fīet _____

24. fēcerāmus _____

C. Translate these sentences containing forms of **faciō** and **fīō**.

   1. Quid fit, mī Sexte? Malumne facis?

   _____

   _____

   2. Sī cōnsul fīās, quid prīmum faciās?

   _____

   _____

3. Scīre volō quae in urbe eō tempore facta sint.

_____

_____

4. Sī facta fortia fēcerō, fortisne fīam?

_____

_____

5. Audīvī multa impia in templō esse facta.

_____

_____

6. Hostēs lēgātōs mīsērunt quō certior pāx fieret.

_____

_____

7. Utinam dux noster factus essēs!

_____

_____

8. Cicerō, cum cōnsul fīet, multa prō populō faciet.

_____

_____

Drill 127–130 Short Sentences and Syntax

Genitive of Indefinite Value
Accusative of Exclamation
Adverbial Accusative
Ablative of Price

Translate these short sentences with some regard for good English usage, and from the list above **give the syntax** of the italicized words.

1. Cicerō, etsī rem pūblicam servāvit, in exsilium pulsus est. Miserum *hominem*!

   _____

   _____

   hominem _____

2. Eōs agrōs *parvō* ēmī quōs *plūrimō* vendidī.

   _____

   _____

   parvō _____

   plūrimō _____

3. Nēmō, nisi vīcisset, *pāce* bellum mūtāret.

   _____

   _____

   pāce _____

4. *Quid* mihi illud dīxistī? *Multum* errābis nisi bene loquēris.

_____

_____

  quid _____

  multum _____

5. Audīvī Cicerōnem *magnō* ūnam ōrātiōnem vendidisse.

_____

_____

  magnō _____

6. Rōmae manēre poterō nec rūs cum sorōre mittar. Ō *mē* fēlīcem!

_____

_____

  mē _____

7. Verba tua *nihil* intellegō quamquam clārē dīcis.

_____

_____

  nihil _____

8. Quis exilium *patriā* mūtet?

_____

_____

  patriā _____

9. Multīs *maximī* erant sententiae Catōnis.

_____

_____

    maximī _____

10. Tūne *tantum* labōrāvistī *quantum* ego?

_____

_____

    tantum _____

    quantum _____

11. Eum lēgātum cōpiīs praefēcī cuius mōrēs *plūrimī* aestimābam.

_____

_____

    plūrimī _____

12. Miser est quī *aurō* suam amīcitiam rēgī inimīcō vendat.

_____

_____

    aurō _____

13. Ille mīles, cum *nihilī* perīcula bellī faceret, fortissimē pugnābat.

_____

_____

    nihilī _____

14. Inīquōs *deōs*! Nē umquam nātus essem!

_____

_____

deōs _____

15. Mīles captus *armīs* vītam mūtāre cōnābātur.

_____

_____

armīs _____

16. Nūllum dubium est quīn cīvēs arma ab hostibus relicta *parvī* habeant.

_____

_____

parvī _____

Exercises, Chapter XIII

A. Translate.

1. Ex urbe ēgressus est Antōnius antequam mē vēnisse audīvit.

    _____

    _____

    _____

    Ex urbe prius profectus est Antōnius quam ego eum vēnisse cognōscerem.

    _____

    _____

    _____

2. Tua iussa sine dubiō cēterī sequentur dummodo eōs lūmen animī ingeniīque tuī cōnsiliīque dūcat.

    _____

    _____

    _____

3. Patriam īnfēlīcem! Magnum est perīculum quia hominēs perditī vim īnferendī grātiā arma petant. Etenim tālis erit cīvitās quālēs cīvium mōrēs ac studia.

    _____

    _____

    _____

4. Fīlius moriēns oculōs sine lūmine ad verba mōvit patris: "Quid tū, cārissime, nōn prius
   fūgistī quam haec tot vulnera accēpistī? Utinam tuā certē meam vītam tam ingrātam
   mūtāre possem!"

   _____

   _____

   _____

   _____

5. Parum bene intellēximus dicta illīus ūnīus mīlitis ē castrīs hostium ēgressī. Eum igitur
   rogēmus quantī pretiī lībertātem suam ēmerit. Cēterōsne captōs miserōs nihilī aestimābat?

   _____

   _____

   _____

6. Ēgredere ex urbe, Catilīna, antequam ad poenam dignam dūcāris. Quid enim malī aut
   sceleris cōgitārī potest quod nōn ipse fēceris?

   _____

   _____

   _____

7. Multīs et illātīs et acceptīs vulneribus, etiam pugnābātur. Dōnec īra et diēs mānsit, hostēs
   omnēs ad ūnum interfēcimus. Cum autem nox vēnit, ē campō discēdere coepimus.

   _____

   _____

   _____

8. Tum Caesar suōs in fīnīs hostium dūxit. Nihil quidem morātus, rēx saevus sociōs atque arma petere coepit ad bellum gerendum. Etenim cēterās rēs nihilī faciēbat dummodo nē Rōmānī prōvinciam vincerent.

_____

_____

_____

_____

9. Nostrī montem tenuēre tam diū quam ferre potuēre illum labōrem ingrātum. Prīmā lūce autem ille prius est relictus locus quam intellegerētur ab hostibus castra in eō ipsō monte pōnī.

_____

_____

_____

_____

10. Graditur ad bellum saevum fēmina fortis arma gerēns. Quae quidem gladiō tam bene pugnat quam virī.

_____

_____

_____

11. Sub monte exspectābāmus dum eum ad nōs gradientem vīdimus quī ad nōs domum dūcendōs missus erat.

_____

_____

_____

12. Scīre volēbam quālēs et quot hominēs ad templum vēnissent auxilī ā dīs petendī causā.

13. Incipe, parve puer, cognōscere patrem mātremque. Fīlium enim grātissimum nunc tē vocant, tam diū expectātum.

14. Marcus Antōnius tot hostēs interficere quot ūnō diē potuit cōnābātur quia crēderet grātam fore Martī saevō ac cēterīs dīs tālem vim ac virtūtem.

15. Antequam ad bellum abīstī, quam laetō animō erās! Quot verba laeta saepe dīxistī! Quantum nunc es mūtātus ab illō amīcō bene ā mē cognitō!

16. Tot nōtissimīs virīs iam interfectīs, lūmina perdidimus cīvitātis nostrae. Sīc autem errāre incipimus ut caecī sine duce.

17. Rēx, quod tam grāta essent carmina, poētae amīcitiam emere voluit, sed poēta rēgī suam vendere nōluit.

_____

_____

_____

18. Quid tandem in hōc ingrātō amōre perditē morāris? Istud vulnus, mihi crēde, mox mortem feret.

_____

_____

_____

19. Quia vulnera ab hostibus saevīs illāta maximē timērent, multī mīlitum fūgērunt priusquam proelium est coeptum. Virōs virtūte carentēs!

_____

_____

_____

20. Parvī tot et tanta scelera cōnsulis patrēs aestimāvēre quod eadem ipsī fēcissent imperī capiendī causā.

_____

_____

_____

21. Mea omnia bona tibi ad vendendum dōnō dum quidem nē ea minōris vendās quam ego ēmī. Hoc quoque mementō: in rēbus emendīs et vendendīs id quod āctum magis quam id quod dictum sit sequendum est.

_____

_____

_____

_____

22. Scelerane ferāmus, patrēs cōnscrīptī, eōrum quibus, pretiō acceptō, omnia digna atque honesta vendere mōs est?

_____

_____

_____

23. Quae erat causa cūr illam domum multō plūris emere vellēs quam aestimābātur? Tam tibi grāta erat?

_____

_____

_____

24. Quod tū ante dīxistī nūllō modō mūtāvistī. Ego vērō rogātus meum cōnsilium mūtāre coepī. Neuter nostrum bona peiōribus mūtāre voluit.

_____

_____

_____

25. Nōbīs multa rogantibus mīles quīdam modo ē prōvinciā ēgressus rettulit bellum quod nostrī coepissent cōnficī nōn posse sine sociōrum auxiliō; imperātōrem autem morātūrum esse dōnec cōpiae ex urbe mitterentur.

_____

_____

_____

_____

26. Cum audāciā ad campum gressus est: iussū imperātōris in armīs stetit atque exspectāvit dōnec locus pugnandī invenīrētur.

_____

_____

_____

27. Omnēs intellegunt, Marce Tullī, tē dīcendī nōn audiendī grātiā in senātum vēnisse. Quod est rēs nōn ingrāta. Dīc igitur tam diū quam volēs. Incipe!

_____

_____

_____

28. Cum multa tuī honōris grātiā perfēcissem, minimī tamen fidem meam fēcistī dōnec tibi ab amīcīs relictō opus erat salūte cōnsiliōque.

_____

_____

_____

B. Write in Latin with some attention to good Latin word order.

1. What sort of leader would delay until the enemies should come into the middle of the city for the purpose of terrifying the citizens? And indeed, the longer Antony waited, the worse for our soldiers the situation became.

   _____

   _____

   _____

   _____

2. Although she seemed charming to many men, Julia was sent into exile by her own father allegedly because she was very bad in (respect to) character. That cruel man, moreover, ordered her to proceed to a certain small island where she might live and perish alone. Unfortunate woman!

   _____

   _____

   _____

   _____

3. Let the rest of the citizens take up arms against the republic provided (only) that they not kill the consuls. Caesar himself, as you remember, was carried away by the sword before he could complete the important work of (his) life.

   _____

   _____

   _____

   _____

4. The commander ordered us to stand in front of the walls apparently because he was not willing to fight on the plain. By leading the troops more bravely he could have won the love of his men.

_____

_____

_____

_____

5. Proceed, son, with your father to the forum for the sake of listening to the most famous orators. In this way you will begin to learn of how great value must be estimated the power of words.

_____

_____

_____

_____

6. All honorable men, at least, reckon of no value that citizen who sold the freedom of the homeland for gold. Did that savage man believe that so great a crime would be pleasing to the immortal gods?

_____

_____

_____

7. I for my part wish to become such a speaker as all men will praise. How many great speeches Cicero made by that (well-known) art of speaking!

_____

_____

_____

8. Before you can begin to lead the citizens, how well the wisdom of the ancestors will have to be understood by you! The more books you (will) read, the wiser you will become.

_____

_____

_____

9. There was a rumor that one (morally) lost woman had sold our city to the enemies for a small price. Was money of more value to that savage woman than the safety of the citizens?

_____

_____

_____

10. I bear those very many wounds of cruel Love, whose weapons remain for me in (my) heart. No woman will ever be as dear to me as Cynthia.

_____

_____

_____

11. Although many men say that the works of Horace are of small value, it would be enough for me to be able to complete just one charming poem worthy of so great a poet.

_____

_____

_____

12. Let us proceed to the forum for the purpose of seeing Caesar; for he is such a leader as all men obey. Cicero says that, on account of that one man's zeal for office, the freedom of so many citizens has been lost.

_____

_____

_____

Drill 132 Indefinite Pronouns and Adjectives

A. Translate these sentences containing indefinite pronouns and adjectives.

1. Mitte aliquem quī servet mē.

_____

_____

2. Sī qua mōnstrētur via, sine morā fugiam.

_____

_____

3. Omnia quae cupiō habeō nec est quicquam quod mihi nōn est.

_____

_____

4. Sua facta cuique placent. Quisque sua facta laudet.

_____

_____

5. Hīc sunt plūrēs hominēs sapientēs quam ūllō in locō.

_____

_____

6. Hoc quod aliquā dē causā aliquibus fierī solet tibi numquam fīet.

_____

_____

7. Sī quis labōret, auxilium dabō.

_____

_____

8. Quaeque gēns suōs mōrēs habet.

_____

_____

9. Magnopere bellum timēs neque aliud quicquam cōgitās nisi dē tuā salūte.

_____

_____

10. In eō proeliō fortissimus quisque est interfectus.

_____

_____

11. Ūnī cuique vestrum grātiās agimus.

_____

_____

12. Aliquem in pectus mihi iēcistī metum.

_____

_____

13. Haec faciam nē quod accipiam fāmae vulnus.

_____

_____

14. Caesar suīs imperāvit nē quod omnīnō tēlum in hostēs iacerent.

_____

_____

15. Neque domī neque in urbe invēnī quemquam quī illum vīderit.

_____

_____

16. Suus cuique erat locus.

_____

_____

B. Write these sentences in Latin.

1. I beg that you not do anything reckless.

_____

_____

2. If any opinion pleases you, tell me.

_____

_____

3. Would anyone dare to praise that speech?

_____

_____

4. Her own husband is dear to each woman.

    _____

    _____

5. I say that you are wiser than any other consul.

    _____

    _____

Drill 133–135 Result Clauses, Relative Clauses of Result, and Substantive *Ut* Clauses

A. Underline the subordinate clause in each sentence.

B. Identify each clause as one of the following: Result clause
                                                        Relative Clause of Result
                                                        Substantive *Ut* clause (subject)
                                                        Substantive *Ut* clause (object)
                                                        Substantive *Ut* clause (explanatory)

C. Translate each sentence.

1. Tanta erat audācia Catilīnae ut nēminem timēret.   *was bold · Catiline that · Result*

   Such was the boldness of Cataline that she did not
   fear no one

2. Adeō ab hostibus territī erāmus ut ē proeliō fūgerimus.   *were that*

3. Nēmō est tam sapiēns quī omnia sciat.   *No one is so · who · relative*

4. Fierīne potest ut nihilī amīcitiam Caesaris aestimēs?

_____

_____

_____

5. Illō tempore omnibus opus erat ut Catō intellegī posset; sapientissimē enim locūtus erat.

_____

_____

_____

6. Numquam is fuistī ut perīculum mortis timērēs.

_____

_____

_____

7. Cicerō sōlus efficiet ut rēs pūblica servētur.

_____

_____

_____

8. Catō ita sē gerit ut vir honestus ab omnibus habeātur.

_____

_____

_____

9. Reliquum est ut ā tē petam nē dē hīs rēbus dīcās.

_____

_____

_____

10. Forte accidit ut multī in forō stantēs Cicerōnem in Catilīnam loquentem audīrent.

_____

_____

_____

11. Quis est tam mente dūrus quīn verbīs poētae moveātur? *Relative result*

_____

_____

_____

12. Hostēs id facere quod coepērunt cōnantur, ut ē fīnibus suīs discēdant.

_____

_____

_____

13. Nostrī tam fortiter pugnāverant ut ab imperātōre ipsō sint laudātī. *result*

_____

_____

_____

14. Saepe fit ut frātrēs sententiīs inter sē differant.

_____

_____

_____

So much

15. Tot signa ā dīs missa sunt ut errāre nōn possēmus. *Result*

— signals   are that   not

_____

_____

_____

16. Hūc venī, serve. Fac ut meīs dictīs pāreās! Fac nē morēris!

_____

_____

_____

17. Iste est tibi amor deōrum ut vītam piam agās.

_____

_____

_____

18. Semper mihi cūrae erit ut magnī virtūs huius cōnsulis ā populō aestimētur.

_____

_____

_____

Drill 136 *fore ut* Construction

A. Translate these sentences containing the **fore ut** construction in indirect statement. Give *two* translations for each sentence: a *literal* translation and a *smoother* English version.

1. Lēgātī rettulērunt futūrum esse ut mīlitēs captī Rōmam ā rēge prōvinciae mitterentur.

(handwritten annotations: the king)

legate — that would be able to — soldiers — Rome — by — province — they were sent

The legates reported that the captured soldiers would be to be sent to Rome by the King of the province

2. Magna est spēs fore ut urbs ā dīs nōn relinquātur.

3. Multī nostrum sentiēbant fore ut nēmō hoc opus cōnficere posset.

4. Rūmor est futūrum esse ut vir saevissimus cōpiīs praeficiātur.

_____

_____

_____

_____

5. Nēmō erat quī nescīret futūrum esse ut sententiae quam dissimillimae ā Caesare et Catōne dīcerentur.

_____

_____

_____

_____

6. Crēdisne fore ut Horātius plūra scrībere carmina possit?

_____

_____

_____

_____

B. Write these sentences in Latin using the **fore ut** construction.

1. Do you think that your house will be able to be sold for a great price?

_____

_____

_____

_____

2. We learned from the legates that the province would be ruled by the son of the king (who had been) killed by enemies.

_____

_____

_____

_____

3. Cicero hopes that the life of Catiline will be considered of very little value by the citizens.

_____

_____

_____

_____

4. The wise ancestors knew that even a small city would be able to be saved by strong walls.

_____

_____

_____

_____

Drill 137 Impersonal Constructions I

A. Translate the following sentences that contain the impersonal verbs **licet**, **necesse est**, and **oportet**.

B. Give the syntax of the italicized words.

1. Scelus istud *fateāre* necesse est.

   _____

   _____

   _____

   fateāre _____

2. Oportēbat *nōs abīre* quod ōrātiōnem Catilīnae audīre nōlēbāmus.

   _____

   _____

   _____

   nōs _____

   abīre _____

3. Nōnne licēbit *Caesarī* dē hīs rēbus sententiam dīcere?

   _____

   _____

   _____

   Caesarī _____

4. Mē ipsum *amēs* oportet, nōn mea.

_____

_____

_____

   amēs _____

5. Sapiēns scit omnēs *perīre hominēs* necesse esse.

_____

_____

_____

   perīre _____

   hominēs _____

6. *Fīlium* exspectāre oportet dum redeat pater.

_____

_____

_____

   fīlium _____

7. Tāle *mihi* liceat carmen scrībere quāle omnēs laudābunt.

_____

_____

_____

   mihi _____

8. Nocte in templum *īre* nōn licitum est.

_____

_____

_____

īre _____

9. Honestus *sīs* omnibus rēbus necesse erit.

_____

_____

_____

sīs _____

10. Licetne ut cōnsul *fīat* iste homō?

_____

_____

_____

fīat _____

11. Poēta in exsilium pulsus ōrābat ut Rōmam *redīre* licēret.

_____

_____

_____

redīre _____

12. Sentiēbāmus *bellum* aut nōn gerī aut quam prīmum cōnficī oportēre.

_____

_____

_____

bellum _____

Exercises, CHAPTER XIV

A. Translate.

1. Aliquis eum amat? Nōn cuiquam cārus est.

_____

_____

_____

2. Homō aliquī dīxit tibi opus esse aliquid. Num quid vīs?

_____

_____

_____

3. Sī qua mihi auctōritās esset, nōn ā quōquam premerēre.

_____

_____

_____

4. Aliquid virtūtis habet, sed aliquā dē causā fugit.

_____

_____

_____

5. Hīc adest vir aliquō honōre. Etenim eī est plūs honōris quam cuiquam.

_____

_____

_____

6. Mīles quīque, nisi quod vulnus accēperit, diūtius pugnābit.

_____

_____

_____

7. Sua cuique facta sunt maxima.

_____

_____

_____

8. Optimus quisque ad sōlem orientem spectet.

_____

_____

_____

9. Ducem dūrum cūnctī metuēbant nec quisquam ex agmine tantō audēbat eum accēdere. Tanta erat illīus auctōritās.

_____

_____

_____

10. Cum anima ex corpore morientis cuiusque discēdat, num quid esse post mortem sēnsūs potest?

_____

_____

_____

11. Nēmō est tam impius quī ā templō absit cīvibus ante ōra deum grātiam ōrantibus.

_____

_____

_____

12. Tuum laetissimum diem cum īnfēlīcissimō meō haud cōnferam. Nam dum in exilium agor, accidit ut cōnsul fierēs. Cuique nostrum sua fortūna erat.

_____

_____

_____

_____

13. Mōs erat apud quāsdam gentēs ut duōs semper rēgēs habērent, nōmine magis quam imperiō.

_____

_____

14. Per campum ībat longissimum agmen, quod dē mūrō spectābam. Quam facile veteris bellī memineram quamquam aetāte cōnfectus eram!

_____

_____

_____

15. Athēnās vēnī nec mihi quisquam ibi salūtem dīxit. Nōmen patriamque mē rogābant multī
    hominēs. Respondēre tandem necesse erat.

    _____

    _____

    _____

16. Cōnsulem sapientem quaerere oportēbat nōn bonum aliquem, sed virum optimum,
    honestissimum, fortissimum. Etenim dubitābat ūllī legiōnī praeficere Antōnium; quī
    quidem homō, ut ferēbant, vel umbram suam metuit.

    _____

    _____

    _____

17. Nōlēbat Caesar morārī quod sentiēbat quantum iam hostēs auctōritātis, ūnō proeliō
    cōnfectō, apud incolās prōvinciae habērent. Imperāvit igitur ut ortō sōle in suīs castrīs
    oppugnārentur.

    _____

    _____

    _____

18. Tot cūrīs ac cāsibus Rōmae premēbāmur ut rūs cum amīcīs nōs contulerimus; quō locō
    aberant cūncta perīcula. Utinam licuisset in urbe manēre!

    _____

    _____

    _____

19. Saepe fit ut sententiam dīcere vēram nōn possim. Quodsī mē saepius rogāveris, in ōre quid sentiam facile vidēbis.

_____

_____

_____

20. Rēx saevus ante proelium eīs pugnātūrīs imperāvit nē quis quem vīventem caperet: "Omnēs mortī date hostēs. Quod sī fierī nōn poterit illud, quam plūrimōs."

_____

_____

_____

21. Ortō sōle, putāvistī futūrum esse ut via per montēs haud difficulter ā mīlitibus nostrīs invenīrētur. Fierī potest ut errāveris.

_____

_____

_____

22. Invēnī, sī fās est, viam quae mihi eam referat vel fīnem faciat amandī. Hāc enim ūnā puellā sōl nōn quicquam vīdit indignius.

_____

_____

_____

23. Rōmulus auctōritāte et aetāte omnīs aliōs superāvit. Sīc semper sē gessit prō populō ut nēmō eum nōn laudāret, nēmō nōn amāret.

_____

_____

_____

24. Illīc aderat poēta nōmine clārō quī errantem lūnam sōlisque labōrēs ac noctem noctisque orientia signa canēbat. Cum autem Troiam occidentem canere coepisset, plūrimum est mōtus pius Aenēās audītō nōmine Troiae. Nam illī locō nec iam vetus honōs manēbat nec glōria veterum rēgum.

_____

_____

_____

_____

_____

25. Nōn sine aliquā spē puer ad proelium ēgreditur ōs atque arma virī gerēns. Duce rogante quis sit quantumque habeat aetātis, arma pōnit, haud quicquam dīcere audet.

_____

_____

_____

_____

26. Imperātor fortis, postquam suōs magnopere hortātus est, nōmine quemque vocāns, occidit īnfēlīx ingentī vulnere victus. Cūnctī mīlitēs post haec reliquam partem diēī summā virtūte pugnāvēre. Sub lūnā laetī vīdērunt cēdentia agmina hostium.

_____

_____

_____

_____

27. Proeliō cōnfectō, Caesarī relātum est vix ūllum esse reliquum mīlitem sine vulnere. Etenim tot ceciderant ut ūnam legiōnem efficere ex duābus necesse esset.

_____

_____

_____

28. Saepe vetera laudantur ac novīs praeferuntur. Vix quicquam mōris antīquī oblītī sumus neque umquam nōbīs ab animīs absunt maiōrēs.

_____

_____

_____

29. Gentēs quae erant bellō victae nōmen atque imperium absentis Pompeiī metuēbant; quae contrā vetere in amīcitiā mānserant, eīs haud umquam erat metus.

_____

_____

_____

30. Nēmō est quī efficere possit ut pāx inter cūnctās gentēs fīat. Hominis enim est cuiusque cupere imperiō aliōs opprimere.

_____

_____

_____

31. Ūnam cīvitātem ex hominibus tam lēge ac mōre dissimilibus efficere haud quisquam possit. Nē Rōmulus quidem sine bellō atque armīs tantum differentīs contulit populōs.

_____

_____

_____

32. Postquam bellum est coeptum, adeō cīvibus animī mūtāvēre ut quisque quod erat reliquum vītae vīriumque dare prō patriā voluerit.

_____

_____

_____

33. Forte accidit ut Caesar dē bellō cōnsilium eōdem tempore caperet quō sociī ad arma ferenda proficīscēbantur.

---

34. Accidit ut ūnā nocte omnēs fēminae oppidī auferrentur. Quae facile, omnibus virīs in templō auxilī ā dīs petendī grātiā collātīs, ab hostibus captae erant.

---

35. Tantum Antōnius metū oppressus est—quod et fortibus accidere solet—ut vix loquī ante patrēs posset. Multōs post hoc diēs ā senātū aberat neque poterat vel in forō vidērī.

---

36. Vix agmina ex castrīs ēgressa erant cum eōdem imperātor redīre iussit. Nam lēgātī magnae fideī aderant ad monendum dē caecīs perīculīs. Etenim quō plūra imperātor ab eīs accēpit, eō magis metuēbat. Parāvit igitur cōpiās paulō ante lūcem in montēs dūcere.

---

37. Sī quid acciderit novī, fac ut sine morā sciam. Quodsī mēns tibi pressa erit cūrīs, etiam dē hīs ad mē scrībe.

_____

_____

_____

38. Sōlēs occidere et redīre possunt. Nōs, cum brevis occiderit lūx, nox ūna tandem premet.

_____

_____

_____

39. Sōle oriente, exspectāta diēs aderat. Cum virī puerīque domibus ēgredī coepēre, mātrēs, quibus semper odiō erat bellum, pressēre ad pectus nātōs ac nē ipsae relinquerentur ōrābant.

_____

_____

_____

B. Write in Latin with some attention to good Latin word order.

1. It happened that Cicero was absent from the senate on that unfortunate day. And indeed he was not seen by anyone in the forum. But if he had been present there, he would certainly have obeyed the authority of the consuls.

_____

_____

_____

2. It was by no means permitted to anyone to go out from the camp on that night, apparently because the moon was not able to be observed in the sky. And indeed, Caesar believed that each hidden thing would be greatly feared by the soldiers.

3. Since it is proper that each very good man say and do many things for the sake of honor, I shall try to win a name of great glory among the citizens.

4. Why is it necessary to say more (things)? When the commander saw that the sun was setting in the high mountains, he made an end of fighting and ordered the whole army to withdraw from there into the camp.

5. Certain men used to dread both the name and the authority of Caesar to so great an extent that they were willing to direct against him the highest punishment.

6. Who is so cruel in mind and heart that he would want his (fellow) citizens to be oppressed by the evils (evil things) of war? Let us bring it about that such a man not remain with us in the city.

_____

_____

_____

_____

7. Since the remaining columns were being led through the mountains by a commander pressed hard by age, many of us thought that we would easily be able to capture and destroy the camp before daylight.

_____

_____

_____

_____

8. Did you reckon the consulship of so great value, Catiline, that you would do all things for the sake of winning it?

_____

_____

_____

_____

9. If anything bad should happen, I would tell you. Do not be overwhelmed by any fear.

_____

_____

_____

10. When the sun had risen, scarcely anyone dared to look at the plain where so many brave men had fallen. It was necessary, however, that their bodies be brought together from there and be placed in the earth.

_____

_____

_____

_____

11. There was present among the multitudes a leader of so much authority that the remaining soldiers (actually) followed him into the middle of the enemies' battle lines.

_____

_____

_____

_____

12. It is characteristic of a brave human being to endure many harsh things. This wretched soldier, however, had received so many serious wounds in his whole body that he was (actually) able neither to stand before the walls nor to hold any weapons.

_____

_____

_____

_____

Drill 139 Fear Clauses

A. Translate these sentences containing Fear clauses.

1. Metuēbāmus nē saevī ignēs oppidum omnīnō perderent.

_____

_____

_____

2. Timēsne ut fīlius viam virtūtis invenīre possit?

_____

_____

_____

3. Nihil timeō nē ille servus indignus scelera pessima nōn fateātur.

_____

_____

_____

4. Erat quoddam perīculum nē qua arma nostrī per montēs gradientēs perditūrī essent.

_____

_____

_____

5. Nōlīte timēre, puerī, nē labōrēs vestrōs magnī nōn aestimem.

_____

_____

_____

6. Hoc ūnum metuō: ut mea mūnera tibi placitūra sint.

_____

_____

_____

7. Magnus mihi erat timor ut post haec Rōmam reditūrus essēs.

_____

_____

_____

8. Mīles glōriae cupidus metuit ut fortiter pugnāns ab imperātōre spectētur.

_____

_____

_____

9. Haud cōnsulēs metuēbant nē quisquam ē cīvibus piīs urbem hostibus trāderet.

_____

_____

_____

10. Dī mē amant nec metuō nē poenīs eōrum opprimar.

_____

_____

_____

B. Write in Latin.

1. If anyone should fear that the sky will fall, let him beg the gods for safety.

_____

_____

_____

2. Were you fearing that I had not read your letter?

_____

_____

_____

3. Cicero has received the consulship. Therefore let us not fear that Catiline will destroy the republic.

_____

_____

_____

4. It was a source of great concern to the consuls that the citizens would not obey the new laws.

_____

_____

_____

5. Do not fear that I shall forget your brave deeds. That thing could never happen!

_____

_____

_____

Drill 140   Prevention Clauses

A. Translate these sentences containing verbs of hindering, preventing, prohibiting, and forbidding.

1. Agmina hostium nostrōs dēterrēbant quōminus ad moenia urbis accēderent.

_____

_____

_____

2. Senātus Caesarem vetuit in Italiam exercitum dūcere.

_____

_____

_____

3. Multōs metus poenae impedit nē scelera fateantur.

_____

_____

_____

4. Nēmō Catilīnam prohibuit hinc cum manū impiōrum ēgredī.

_____

_____

_____

5. Tū quidem mihi obstāre nōn poteris quōminus sententiam dīcam.

6. Aetās nōn dēterret quīn pater pugnāre cum studiō velit.

7. Vīsne mihi obstāre nē hoc quod coepī opus cōnficiam?

8. Vulnera saeva eum nōn impediēbant quīn in prīmā aciē stāret.

9. Quae rēs tam gravis accidit ut ā mīlitibus Rōmānīs dēterreāmur nē in forō adsīmus?

10. Pater vōs vetuit, ō puerī, illās puellās per viās sequī. Ego quoque vōs prohibeō.

_____

_____

_____

B. Write in Latin.

1. Nothing will deter me from bringing aid to my wretched friends.

_____

_____

_____

2. The Romans never prohibited conquered peoples from being presented with citizenship.

_____

_____

_____

3. Did chance or some god prevent the spears of the enemies from killing me?

_____

_____

_____

4. Who would forbid a wise man to seek more wisdom?

_____

_____

_____

5. The name and authority of Caesar prevented the inhabitants from forming a plan about war. (Write once using **deterreō** and once using **prohibeō**.)

_____

_____

_____

_____

Drill 141   Impersonal Constructions II

A. Translate these sentences containing the impersonal verbs **miseret, paenitet, piget, pudet, taedet, rēfert,** and **interest.**

1. Caesaris maximē intererat quid in prōvinciā fieret.

2. Vestrā interest dīcere omnia quae scītis.

3. Frātris mē quidem pudet pigetque. Tēne eius miseret?

4. Nihilne putās rēferre utrum cadat rēs pūblica necne?

5. Nōs miserēbat omnium hominum servitūte oppressōrum.

_____

_____

_____

6. Cuius cīvis nōn rēfert Catilīnam sine morā interficī?

_____

_____

_____

7. Nōnne intellegis multum interesse scelus fatērī?

_____

_____

_____

8. Meā rēferēbat ut Rōmam redīrem.

_____

_____

9. Catilīnā tandem interfectō, tanta erat invidia Cicerōnis ut eius miserēret multōs.

_____

_____

_____

10. Quod ē proeliō fūgī mē plūrimum pudēbat.

_____

_____

11. Omnium intersit ut mūrus quam prīmum iaciātur.

_____

_____

_____

12. Mē nōn paenitēbat facere idem quod tū.

_____

_____

13. Quod Catilīna suum fīlium interfēcit cūnctōs hominēs honestōs piguit.

_____

_____

_____

14. Quālem vītae omnīnō taedet tālis mortem quaerat.

_____

_____

15. Nostrā maximē rēfert quid cōnsul dictūrus sit.

_____

_____

16. Dīcit sē paenitēre quod lēgātō rūmōrēs referentī crēdiderit.

_____

_____

_____

17. Numquam tuī oblīvīscar nec mē pigēbit nostrī amōris meminisse.

_____

_____

_____

18. Nōnne nōs omnēs taedet bellōrum inter cīvēs?

_____

_____

19. Cuius tandem plūs quam meī tē miseret?

_____

_____

20. Caesaris intersit quis castrīs praesit. Meā quidem hoc interest.

_____

_____

_____

21. Nēminem paenitēbit factōrum fortium sī auxiliō reī pūblicae erunt.

_____

_____

_____

22. Sciō certē tuā interesse nōmina audīre eōrum in proeliō cōnfectōrum.

_____

_____

_____

23. Quōrum nōn miseret quemquam eōs ē perīculō servēmus.

_____

_____

_____

24. Dīc mihi pudeatne tē tuī sceleris necne.

_____

_____

25. Tē nē paeniteat hōc ipsō tempore vīxisse.

_____

_____

26. Adeō mē ōrātiōnis Antōnī taedēbat ut ē forō discesserim.

_____

_____

_____

27. Vōs, patrēs cōnscrīptī, taedeat eadem saepissimē audīre.

_____

_____

_____

28. Virī tantā aetāte mē miserēbat.

_____

_____

B. Write in Latin.

1. It is not important to many citizens that the consuls follow the customs of the ancestors. However, it is greatly important to me.

_____

_____

_____

2. You do pity that woman whose husband died (while) absent from home, don't you?

_____

_____

_____

3. The fact that scarcely anyone was willing to exchange gold for the books of very wise men disgusts me.

_____

_____

_____

4. Let it shame you greatly, soldiers, to surrender your weapons to the enemies. This thing concerns your commander more greatly than any other thing.

_____

_____

_____

5. Should I regret those true words spoken on behalf of my brother?

_____

_____

_____

6. It will make the ones listening tired to hear songs that they have heard before. Therefore, I shall sing new ones!

_____

_____

_____

Drill 142   Direct and Indirect Reflexives

A. Underline each reflexive pronoun and reflexive-possessive adjective and translate each sentence.

B. Label each as direct or indirect. When there is an ambiguity, choose the more likely.

1. Pater dīxit fīliōs nihil esse suī similēs.

_____

_____

_____

2. Cicerō poētam quendam ōrābat ut carmen dē suā vītā scrīberet.

_____

_____

_____

3. Quis nescit gentēs prōvinciae saepe inter sē pugnāre?

_____

_____

_____

4. Lēgātus captus spērābat imperātōrem sē aut corpus quidem suum magnī aestimātūrum.

_____

_____

_____

5. Rēx sapiēns mīlitibus aurum mūnerī dedit ut sēcum in proelium īrent.

_____

_____

_____

6. Cōnsulēs Catilīnae dīxēre populum lībertātem suam numquam trāditūrum esse.

_____

_____

_____

7. Nōscere cōnābātur utrum falsa sibi essent relāta an vēra.

_____

_____

_____

8. Frāter amīcum rogābit cūr ad suōs auxilium nōn mīserit.

_____

_____

_____

9. Servī miserī petēbant nē quis ad sē accēderet.

_____

_____

_____

10. Dux mīlitēs piōs in montīs mīsit quī impiōs invenīrent atque ad sē ferrent.

_____

_____

_____

Drill 143–147   Short Sentences and Syntax

Accusative Supine to express Purpose
Ablative Supine, Ablative of Respect
Accusative of Respect
Accusative, Direct Object of a Middle Voice Verb
Historical Infinitive
Subjunctive by Attraction

Translate these short sentences with some regard for good English usage, and from the list above **give the syntax** of the italicized words.

1. Lēgātōs ad Caesarem mittunt *rogātum* auxilium.

   _____

   _____

   rogātum _____

2. Nōn est facile *factū* librum scrībere.

   _____

   _____

   factū _____

3. Cīvēs hominem *genus* humilem cīvitātī numquam praeficiant.

   _____

   _____

   _____

   genus _____

4. Intellēxistīne cūr pater domum nostram, quamquam *nōllet,* venderet?

        _____

        _____

        _____

        nōllet _____

5. Ille mīles *pectus* fortibus armīs circumdatus est.

        _____

        _____

        pectus _____

6. Dux sociōrum sē in aciem *ēicere,* vulnera īnferre, glōriam cēpit.

        _____

        _____

        _____

        ēicere _____

7. Nesciō quid optimum sit *dictū.*

        _____

        _____

        dictū _____

8. Fīlia mātrī *omnia* similis eadem dīcet ac faciet quae māter.

        _____

        _____

        _____

        omnia _____

9. Bonum est sapientēs cōnferre ubi cōnsiliō opus *sit*.

_____

_____

_____

sit _____

10. Idem *ferrum* cingī voluī quod frāter gesserat.

_____

_____

_____

ferrum _____

11. Fēminae in templum ambulāre, dōna in ārā *pōnere*, pācem ā dīs quaerere.

_____

_____

_____

pōnere _____

12. Rēgīna rēgem—miserum *dictū*—gladiō interfēcit.

_____

_____

dictū _____

13. Ad tē vēnī *ōrātum* nē inimīcum mē habeās.

_____

_____

ōrātum _____

14. Tē hortor ut eum librum legās quem *scrīpserim*.

_____

_____

   scrīpserim _____

15. *Mentem* timōre oppressus in aciē stetī: nec fugere nec pugnāre potuī.

_____

_____

_____

   mentem _____

16. Illinc ad agrōs *ambulātum* īvī.

_____

_____

   ambulātum _____

Exercises, Chapter XV

A. Translate.

1. Ōrātōrem dūrōrum in Cicerōnem verbōrum tam paenitēbat ut ex senātū, ubi ōrātiōnem habuisset, quam celerrimē fugeret.

2. Mē miserēbat illīus mīlitis quem arma gravia impediēbant. Etenim hostibus oppugnan- tibus obstāre nōn poterat.

3. Quis est in tōtō orbe terrārum quī hunc hominem nōn metuat, causam caputque malōrum omnium?

4. Magnopere verēbar nē agricola mōrum veterum labōre ac dūrā morte raptus esset. Spērābam autem animam corpore solūtam etiam vīvere.

5. Sum pius Aenēās, clārus per orbem, mēcumque ferō deōs patriae ex hostibus raptōs. Hīs novam cōnstituere domum cupiō, sed nūmen aliquod male amīcum mē vetat.

---

6. Diū cupiēbat populus dulce nōmen audīre pācis. Patrēs igitur diē cōnstitūtā lēgātōs ad campum vocāre, fīnem facere bellī.

---

7. "Quī deus es? Quod nūmen? Namque haud tibi vultus est hominis." Vix haec fātus eram cum Mercurium per umbrās cognōvī.

---

8. Hoc ūnum metuēbam: ut domum redīre possem priusquam pater magnā aetāte ē vītā discēderet. Etenim meā maximē rēferēbat verba huius hominis cārissimī audīre.

---

9. Sī quis mē dēterrēre cōnātus esset quōminus domum redīrem, celer gladium manū rapuissem ad pugnandum.

_____

_____

_____

10. Nox mihi caput circumdabat umbrīs; quae rēs mē omnīnō dēterruit nē celeriter ad moenia accēderem.

_____

_____

_____

11. Omnēs bonōs magnopere paenitet quod dēterritus es, Marce Antōnī, quōminus montem cōpiīs circumdarēs.

_____

_____

_____

12. Nihil impedīre potuit quīn hostēs fīliam rēgis raperent, quam nunc magnō pretiō solvere necesse est.

_____

_____

_____

13. Aenēās ad āram ambulat dōna ferēns. Humilī autem vōce tālia fātur: "Dī magnī—sī quod nūmen habētis—hīs malīs mē meōsque ēripite!"

_____

_____

_____

14. Īrā saevā rēgīna mentem ac vultum movētur. Cuidam lēctō ad hoc mīlitī dīcit fīlium interfi-
ciendum esse neque suā rēferre ab hoste in aciē an aliquō cāsū in forō cadat. Haec ipsa
dicta fātur: "Tū modo fac ut cōnficiātur."

_____

_____

_____

_____

15. Nostrī imperātōris rēferēbat urbem mūrīs cingere. Hōc opere cōnfectō, legiōnēs in aciē
cōnstituit.

_____

_____

_____

16. Vultum mūtātus et ōra Cupīdō, magnum nūmen ac verendum, Carthāginem venit ubi
rēgīnam dulcī amōre premat.

_____

_____

_____

17. "Tua patria dulcis ante omnia tē discēdere cum tot fugientibus vetat." Haec atque tālia
fātus, pater mihi obstitit nē rem tam gravem facerem, tam turpem.

_____

_____

_____

18. Urbe hostium omnīnō ā nostrīs circumdatā, ita ārae deōrum honōribus cingantur ut facta hominum nūminibus placeant. Omnēs autem dī deaeque sentiant hominēs suum auxilium plūrimī aestimāre.

_____

_____

_____

_____

19. Tuam virtūtem Fāma, quā nihil est celerius, per orbem, per gentēs feret neque nōs quicquam impediet quīn tua fortia facta laudēmus.

_____

_____

_____

20. Fierīne potuit ut mortis metus turpiter tibi obstāret nē amīcum ex manibus hostium ēriperēs? Hominem īnfēlīcem! Tuī mē multum miseret.

_____

_____

_____

21. Cum parvus essem puer, arma tamen cingī volēbam ut prō patriā dulcī pugnārem. Pater autem, quem quidem verēbar, mē vetuit.

_____

_____

_____

22. Nōnne tē piget quod iste frāter honōrem aurō vendere cōnstituit? Etenim mihi ipsī dīxit suā nōn interesse quid sentīrem. Pecūniane eī erat tantī?

_____

_____

_____

23. Caesar lēgātōs haud dēterruit quīn loquerentur. Etenim eīs imperāvit ut sibi omnia quae cognōvissent sine morā referrent.

_____

_____

_____

B. Write in Latin with some attention to good Latin word order.

1. Although I fear that I will soon be snatched away by death, nothing will prevent me from girding arms on myself and going to the plain to fight.

_____

_____

_____

2. To whom in the whole world is it important whether you win the favor of the divine spirits or not?

_____

_____

_____

3. After he decided to grant aid to the son of Venus, Jupiter summoned the rest of the gods and spoke such things: "Dissolve your fear. The fates stand firm; not even Juno's treachery can deter Aeneas from setting sail toward Italy."

_____

_____

_____

_____

_____

4. The fact that Catiline tried to dissolve the republic by violence and arms both shames and disgusts all loyal citizens.

_____

_____

_____

5. To conquer entirely was so important to me that on that very night I (actually) sent one brave lieutenant into the territory of the enemies to learn their plans.

_____

_____

_____

6. To have carried off the gifts for the divinities was a base thing to do. You regret, do you not, the fact that you allowed so great a sacrilege to be done?

_____

_____

_____

7. Wretched in expression, the slave begged (his) master that he be freed from shameful slavery. In this way he spoke: "What is standing in your way, cruel man? Release me!"

_____

_____

_____

8. After Aeneas looked at his small son, surrounded in (respect to) (his) head with fire, he understood that a sign had been sent by some divinity. Therefore, he decided to flee as swiftly as possible from his sweet homeland.

_____

_____

_____

9. Not at all do I fear that Cicero will not be present for the purpose of speaking to the senate; for no danger in the world will prevent that brave consul from saving the republic.

_____

_____

_____

10. Before the faces of the fathers—an unworthy thing to see—the wicked enemy snatched away by the sword the head for (the disadvantage of) the wretched son of the old king of Troy.

_____

_____

_____

11. One very brave envoy was going to the camp to beg the enemies that the leader of the allies be released in return for the head (life) of (their) commander.

12. All things are ruled by the divine power of the gods. Let it not shame you (pl.) to be in awe of them.

CHAPTER IX

Vocabulary

annus, annī *m.* year
➤ **iussum, iussī** *n.* order, command

➤ **nēmō, nēminis** *m.* or *f.* no one
nox, noctis, -ium *f.* night
tempus, temporis *n.* time

➤ **cōnsulātus, cōnsulātūs** *m.* consulship
➤ **domus, domūs** *f.* house, home
exercitus, exercitūs *m.* army
➤ **manus, manūs** *f.* hand; band, troop
➤ **mōtus, mōtūs** *m.* motion, movement; disturbance
➤ **senātus, senātūs** *m.* senate

➤ **aciēs, aciēī** *f.* sharp edge; keenness; battle line
➤ **diēs, diēī** *m.* or *f.* day
➤ **fidēs, fideī** *f.* faith, trust; trustworthiness; loyalty
➤ **rēs, reī** *f.* thing; property; matter, affair; situation
➤ **rēs gestae, rērum gestārum** *f. pl.* accomplishments; history
➤ **rēs novae, rērum novārum** *f. pl.* revolution
➤ **rēs pūblica, reī pūblicae** *f.* republic
speciēs, *specieī[1] *f.* appearance, aspect

➤ **hortor** (1-tr.) urge, encourage, exhort
➤ **imperō** (1-intr.) give an order (to); order, command (+ dat.)
➤ **parō** (1-tr.) prepare (for); get, obtain

➤ **moneō, monēre, monuī, monitus** warn; remind; advise

➤ **pellō, pellere, pepulī, pulsus** push, drive (off)
➤ **quaerō, quaerere, quaesiī/quaesīvī, quaesītus** search for, seek, ask (for)

pūblicus, -a, -um public

alius, alia, aliud other, another (§86)
alter, altera, alterum the other (of two) (§86)
➤ **neuter, neutra, neutrum** neither (of two) (§86)
nūllus, -a, -um not any, no (§86)
sōlus, -a, -um alone, only (§86)
tōtus, -a, -um whole, entire (§86)
ūllus, -a, -um any (§86)
ūnus, -a, -um one; only (§86)
➤ **uter, utra, utrum** (interrog. adj.) which (of two) (§86)

➤ **aliter** (adv.) otherwise, in another way
➤ **iam** (adv.) (by) now; (by) then, already; presently
nē (conj.) *introduces negative Purpose clause*, in order that . . . not (§87); *introduces negative Indirect Command*, that . . . not (§88)
ob (prep. + acc.) on account of, because of
➤ **quam ob rem** (rel. or interrog. adv.) on account of which thing; therefore; why
➤ **quārē** (rel. or interrog. adv.) because of which thing; therefore; why
quō (rel. adv.) to where, whither
ubi (rel. adv.) where
unde (rel. adv.) from where, whence
ut (conj.) *introduces Purpose clause*, in order that (§87); *introduces Indirect Command*, that (§88)

---

1. The asterisk before the genitive singular of **speciēs** indicates that the form does not occur in the Latin that survives.

Chapter IX Summary Noun/Adjective Morphology; Noun Syntax

Case Endings of the Fourth Declension: M./F.

	Singular	Plural
Nom./Voc.	-us	-ūs
Gen.	-ūs[1]	-uum
Dat.	-uī/-ū	-ibus
Acc.	-um	-ūs
Abl.	-ū	-ibus

Case Endings of the Fifth Declension

	Singular	Plural
Nom./Voc.	-ēs	-ēs
Gen.	-eī/-ēī[2]	-ērum
Dat.	-eī/-ēī[2]	-ēbus
Acc.	-em	-ēs
Abl.	-ē	-ēbus

Nine Irregular First-Second-Declension Adjectives

alius, alia, aliud
alter, altera, alterum
uter, utra, utrum
neuter, neutra, neutrum
ūllus, -a, -um
nūllus, -a, -um
sōlus, -a, -um
tōtus, -a, -um
ūnus, -a, -um

	Singular			
	M.	F.	N.
Nom.	tōtus	tōta	tōtum
Gen.	tōtīus	tōtīus	tōtīus
Dat.	tōtī	tōtī	tōtī
Acc.	tōtum	tōtam	tōtum
Abl.	tōtō	tōtā	tōtō

Accusative of Duration of Time

1. Expresses the amount of time during which the action of a verb occurs
2. No preposition is used
3. Is translated with the English preposition "for"

In Italiā multōs *annōs* fuerant rēgēs.
In Italy *for many years* there had been kings.

Ablative of Time When

1. Expresses the point in time when the action of the verb occurs
2. No preposition is used
3. Is translated with the English preposition "at" or "on"

Eā *nocte* Pompeius oppidum cēpit.
On that *night* Pompey took the town.

Ablative of Time Within Which

1. Expresses the limited period of time within which the action of the verb occurs
2. No preposition is used
3. Is translated with the English preposition "within" or "in"

Paucīs *diēbus* Vergilius magnum carmen perficiet.
(With)*in a few days* Vergil will complete a great poem.

1. A genitive singular ending in -ūs indicates that the noun belongs to the fourth declension.
2. A genitive singular ending in either -eī or -ēī indicates that the noun belongs to the fifth declension. The ending of the genitive and dative singular is -ēī when the stem ends in a vowel.

Chapter IX Summary   Verb Syntax

Sequence of Tenses Chart

	Verb in Main Clause Indicative[1]	Verb in Subordinate Clause Subjunctive
PRIMARY	Present Future Perfect (present completed) Future Perfect	Present Perfect
SECONDARY	Imperfect Perfect (past simple) Pluperfect	Imperfect Pluperfect

Summary of the Rules of Sequence of Tenses

1. IF THE VERB OF THE MAIN CLAUSE IS *PRIMARY*, THE SUBJUNCTIVE VERB IN A SUBORDINATE CLAUSE *MUST BE PRIMARY*. THE SUBJUNCTIVE VERB HAS *ONLY RELATIVE TIME*.

   A *PRESENT* SUBJUNCTIVE REPRESENTS AN ACTION THAT IS *SIMULTANEOUS* WITH OR *SUBSEQUENT* TO THE ACTION OF THE MAIN VERB.

   A *PERFECT* SUBJUNCTIVE REPRESENTS AN ACTION THAT IS *PRIOR* TO THE ACTION OF THE MAIN VERB.

2. IF THE VERB OF THE MAIN CLAUSE IS *SECONDARY*, THE SUBJUNCTIVE VERB IN A SUBORDINATE CLAUSE *MUST BE SECONDARY*. THE SUBJUNCTIVE VERB HAS *ONLY RELATIVE TIME*.

   AN *IMPERFECT* SUBJUNCTIVE REPRESENTS AN ACTION THAT IS *SIMULTANEOUS* WITH OR *SUBSEQUENT* TO THE MAIN VERB.

   A *PLUPERFECT* SUBJUNCTIVE REPRESENTS AN ACTION THAT IS *PRIOR* TO THE MAIN VERB.

Purpose Clauses

Primary Sequence	**ut/nē + present subjunctive**	"in order that . . . MAY (not)"
Secondary Sequence	**ut/nē + imperfect subjunctive**	"in order that . . . MIGHT (not)"

Indirect Commands

Primary Sequence	**ut/nē + present subjunctive**	"that . . . (not)"
Secondary Sequence	**ut/nē + imperfect subjunctive**	"that . . . (not)"

Relative Clause of Purpose

1. IS A PURPOSE CLAUSE INTRODUCED BY A *RELATIVE PRONOUN* OR *ADVERB*
2. STATES THE SPECIFIC USE THAT IS TO BE MADE OF THE ANTECEDENT

Rēgīna mīlitēs in prōvinciam mittet *quī incolās terreant*.
The queen will send soldiers into the province *in order that they may terrify the inhabitants.*
Rōmam ībāmus *ubi laetī essēmus*.
We were going to Rome *in order that there we might be happy.*

---

1.   Sometimes the verb in the main clause is in the subjunctive mood. See §87.

CHAPTER X

Vocabulary

➤ **lēgātus, lēgātī** *m.* legate, envoy; lieutenant
➤ **nātus, nātī** *m.* son

➤ **dux**, **ducis** *m. or f.* leader
➤ **fīnis, fīnis, -ium** *m. or f.* end, limit, boundary; *pl.*, territory
➤ **genus, generis** *n.* descent, origin; race, stock; kind, sort
➤ **labor, labōris** *m.* work; effort, hardship
➤ **mōs, mōris** *m.* custom, practice; *pl. (sometimes),* character
➤ **opus, operis** *n.* work
   ➤ **opus est** (idiom) there is need of (+ abl. or nom.)
➤ **ōrātiō, ōrātiōnis** *f.* oration, speech
   ōrātiōnem habēre (idiom) to make a speech
   ōrātor, ōrātōris *m.* speaker, orator
➤ **pectus, pectoris** *n. sing. or pl.,* chest, breast; heart

➤ **cāsus, cāsūs** *m.* fall; occurrence; chance, misfortune
   metus, metūs *m.* fear, dread
   spēs, speī *f.* hope

➤ **quīdam, quaedam, quiddam** (indef. pron.) (a) certain person, (a) certain thing
➤ **quīdam, quaedam, quoddam** (indef. adj.) (a) certain

➤ **oppugnō** (1-tr.) attack
   servō (1-tr.) save, preserve
➤ **stō, stāre, stetī, stātūrus** stand; stand fast, endure

   dēleō, dēlēre, dēlēvī, dēlētus destroy

➤ **cadō, cadere, cecidī, cāsūrus** fall; die
➤ **nāscor, nāscī, nātus sum** be born
➤ **nōscō, nōscere, nōvī, nōtus** come to know, learn, recognize; *perfect,* know
   ➤ **cognōscō, cognōscere, cognōvī, cognitus** come to know, learn, recognize; *perfect,* know
➤ **proficīscor, proficīscī, profectus sum** set out, set forth
➤ **ūtor, ūtī, ūsus sum** use; experience; enjoy (+ abl.)

➤ **perferō, perferre, pertulī, perlātus** suffer, endure; report
➤ **referō, referre, rettulī, relātus** bring back; report

➤ **aequus, -a, -um** level, even; equitable, just; calm, tranquil
   ➤ **inīquus, -a, -um** uneven; inequitable, unjust
➤ **honestus, -a, -um** honorable, respectable
➤ **medius, -a, -um** middle (of); *neut. subst.,* midst; the open
➤ **nōtus, -a, -um** known, well-known; familiar

➤ **apud** (prep. + acc.) at the house of, in the presence of, among
➤ **contrā** (adv.) on the contrary; in opposition; in turn (prep. + acc.) against, contrary to; facing
➤ **magnopere** (adv.) greatly
   quīn (conj.) *introduces Relative Clause of Characteristic,* who/that . . . not (§94)
➤ **satis** or **sat** (indeclinable neut. subst.) enough (adv.) enough, sufficiently

Chapter X Summary Verb and Noun Syntax

Relative Clause of Characteristic

1. EXPRESSES A GENERALIZING OR CHARACTERIZING DESCRIPTION OF AN ANTECEDENT
2. IS OFTEN INTRODUCED BY A FORMULAIC PHRASE (quis est quī, sōlus est quī, etc.)
3. MAY BE INTRODUCED BY THE NEGATIVE CONJUNCTION quīn

Quis est quī in exsilium īre optet?
Who is there who would desire to go into exile?
Sōlus erat quīn haec intellegeret.
He was the only one of the sort who did not understand these things.

Genitive of Description

1. USED TO DESCRIBE ANOTHER NOUN
2. MUST BE MODIFIED BY AN ADJECTIVE

Rōmulus, vir magnae dīligentiae, multum labōrābat.
Romulus, a man of great diligence, used to work a lot.

Dative of Agent with the Passive Periphrastic

1. EXPRESSES THE PERSON BY WHOM AN ACTION MUST BE PERFORMED
2. IS USED WITH THE PASSIVE PERIPHRASTIC INSTEAD OF THE ABLATIVE OF PERSONAL AGENT

Carmen mihi canendum est.
A poem must be sung by me.

Ablative of Description

1. USED TO DESCRIBE ANOTHER NOUN
2. MUST BE MODIFIED BY AN ADJECTIVE
3. NO PREPOSITION IS USED

Ille mīles cum hoste pugnābit. Est enim magnā virtūte.
That soldier will fight against the enemy. For he is of (with) great courage.

Ablative of Origin

1. EXPRESSES THE PARENTAGE OR ANCESTRY OF A PERSON
2. THE PREPOSITIONS Ē/EX OR DĒ MAY BE USED

Aenēās (ē) deā nātus est.
Aeneas was born from a goddess.

Chapter X Summary   Participles I

	Active	Passive
Present	Present stem + **-ns**,[1] **-ntis** (for 3rd i-stem- and 4th-conjugation verbs, change the stem vowel to **-ie-**) **vocāns, vocantis** **movēns, moventis** **regēns, regentis** **capiēns, capientis** **audiēns, audientis** "_____ing"	xxxxx
Perfect	xxxxx	4th principal part **vocātus, -a, -um** **mōtus, -a, -um** **rēctus, -a, -um** **captus, -a, -um** **audītus, -a, -um** "(having been) _____ ed"
Future	drop the **-us, -a, -um** from the 4th principal part and add **-ūrus, -a, -um** **vocātūrus, -a, -um** **mōtūrus, -a, -um** **rēctūrus, -a, -um** **captūrus, -a, -um** **audītūrus, -a, -um** "about to/going to _____"	Present stem + **-ndus, -a, -um**[2] (for 3rd-i-stem- and 4th-conjugation verbs, change the stem vowel to **-ie-**) **vocandus, -a, -um** **movendus, -a, -um** **regendus, -a, -um** **capiendus, -a, -um** **audiendus, -a, -um** "having to be _____ed"

A **present** participle indicates an action that is **simultaneous with** the action of the main verb.
A **perfect** participle indicates an action that is **prior to** the action of the main verb.
A **future** participle indicates an action that is **subsequent to** the action of the main verb.

Participles of Deponent and Semideponent Verbs

	Active	Passive
Present	**patiēns, patientis** "enduring"	xxxxx
Perfect	xxxxx	**passus, -a, -um** "having endured"
Future	**passūrus, -a, -um** "about to/going to endure"	**patiendus, -a, -um** "having to be endured"

Irregular Participles: | **eō** | Present Active: | **iēns, euntis** |
| | | Future Passive: | **eundum** |
| | **morior** | Future Active: | **moritūrus, -a, -um** |

1. **-ns** lengthens preceding short vowels
2. **-ndus, -a, -um** shortens preceding long vowels

Chapter X Summary   Participles II; Active and Passive Periphrastics

Circumstantial Uses

Type of Clause Represented

Temporal

Causal

Concessive

Conditional

English Conjunctions to Be Used

when, after, while

because, since

although

if

Ablative Absolute

1. USUALLY EMPLOYS A CIRCUMSTANTIAL PARTICIPLE

2. IS EQUIVALENT TO A SUBORDINATE CLAUSE WITH A SUBJECT DIFFERENT FROM THE SUBJECT OF THE MAIN CLAUSE

Examples

With present active participle   **mīlitibus *discēdentibus* . . .**   *with* the soldiers *departing* . . .

With perfect passive participle   **urbe ā mīlitibus *captā* . . .**   *with* the city *having been captured* by the soldiers . . .

With NO participle   **Caesare cōnsule . . . .**   *with* Caesar *being* consul . . . .

Active and Passive Periphrastics

An Active Periphrastic

1. is a compound verb form made up of a **future active participle** and a form of **sum** (e.g., **captūrus est**, "he is going to capture")

2. is best translated word by word

A Passive Periphrastic

1. is a compound verb form made up of a **future passive participle** and a form of **sum** (e.g., **capiendus est**, "he has to be captured")

2. may be translated word by word, but the alternative translations "must," "have to," "had to," "will have to," etc., are to be preferred

3. is often accompanied by a Dative of Agent with the Passive Periphrastic

CHAPTER XI

Vocabulary

➤ **audācia, audāciae** *f.* boldness; recklessness, audacity

➤ **campus, campī** *m.* (flat) plain
➤ **castra, castrōrum** *n. pl.* (military) camp
   mūrus, mūrī *m.* wall
➤ **paulum, *paulī**[1] *n.* small amount, a little
➤ **signum, signī** *n.* sign, signal; standard
➤ **tēlum, tēlī** *n.* spear; weapon

➤ **ignis, ignis, -ium** *m.* fire
➤ **imperātor, imperātōris** *m.* commander, general
➤ **legiō, legiōnis** *f.* legion
➤ **lūx, lūcis** *f.* light, daylight
  ➤ **prīmā lūce** (idiom) at dawn
➤ **maiōrēs, maiōrum** *m. pl.* ancestors

➤ **sēnsus, sēnsūs** *m.* perception, feeling; sense

  arbitror (1-tr.) judge, consider, think
  putō (1-tr.) think, suppose

➤ **soleō, solēre, solitus sum** be accustomed

➤ **crēdō, crēdere, crēdidī, crēditus** trust, believe (+ dat.)
➤ **iaciō, iacere, iēcī, iactus** throw; utter; lay, establish
  ➤ **ēiciō, ēicere, ēiēcī, ēiectus** throw out, expel
➤ **loquor, loquī, locūtus sum** speak, talk

➤ **inveniō, invenīre, invēnī, inventus** find, discover
➤ **sciō, scīre, sciī/scīvī, scītus** know
  ➤ **nesciō, nescīre, nesciī/nescīvī, nescītus** not know

➤ **pereō, perīre, periī, peritūrus** pass away, be destroyed; perish, die

  longus, -a, -um long; far; long-standing; far-reaching
➤ **summus, -a, -um** highest; top (of); last, final

  brevis, breve short, brief
  humilis, humile humble
  sapiēns, sapientis wise
➤ **similis, simile** similar (+ gen. *or* dat.)
  ➤ **dissimilis, dissimile** dissimilar, unlike, different (+ gen. *or* dat.)

➤ **diū** (adv.) for a long time
  fore = futūrus, -a, -um esse (§105)
➤ **igitur** (postpositive conj.) therefore
  longē (adv.) a long way, far; by far
➤ **parum** (indeclinable subst.) too little, not enough
    (adv.) too little, inadequately
  prīmum (adv.) first; for the first time
    quam prīmum, as soon as possible
  quam (adv.) as, how; (conj.) than (§112)

---

1. The asterisk before the genitive singular of **paulum** indicates that the form does not occur in the Latin that survives.

Chapter XI Summary   Infinitives, Indirect Statement

	Active	Passive
Present	2nd principal part **vocāre, movēre, regere, capere, audīre** "to _____"	Change final **-e** of 2nd principal part to **-ī** (in 3rd conjugation, change final **-ere** to **-ī**) **vocārī, movērī, regī, capī, audīrī** "to be _____ed"
Perfect	Perfect active stem from 3rd principal part + **-isse** **vocāvisse, mōvisse, rēxisse, cēpisse, audīvisse** "to have _____ed"	4th principal part + **esse** **vocātus, -a, -um esse, mōtus, -a, -um esse,** etc. "to have been _____ed"
Future	Future active participle + **esse** **vocātūrus, -a, -um esse,** **mōtūrus, -a, -um esse,** etc. "to be about to/going to _____"	RARE

Indirect Statement and the Subject Accusative

1. *Is introduced by a* **verb of perception**
2. *Lacks* a subordinating conjunction equivalent to the English "that"
3. Has a *subject* in the *accusative* case (called a **Subject Accusative of an Indirect Statement**)
4. Has a *verb* in the *infinitive*, which a) corresponds as closely as possible to the tense and voice of the verb in the direct statement being reported indirectly and b) shows time relative to the main verb

A **present** infinitive indicates an action that is **simultaneous with** the action of the main verb.
A **perfect** infinitive indicates an action that is **prior to** the action of the main verb.
A **future** infinitive indicates an action that is **subsequent to** the action of the main verb.

Multa intellegit.		She understands many things.	
Cōgitō		I think	*that she understands* many things.
Cōgitābam	*eam* multa *intellegere.*	I used to think	*that she understood . . .*
Cōgitābō		I shall think	*that she understands . . .*

Multa intellēxit.		She understood many things.	
Cōgitō		I think	*that she understood* many things.
Cōgitābam	*eam . . . intellēxisse.*	I used to think	*that she had understood . . .*
Cōgitābō		I shall think	*that she understood . . .*

Multa intelleget.		She will understand many things.	
Cōgitō		I think	*that she will understand* many things.
Cōgitābam	*eam . . . intellēctūram esse.*	I used to think	*that she would understand . . .*
Cōgitābō		I shall think	*that she will understand . . .*

Subordinate Clause in Indirect Statement

1. Usually has a verb in the subjunctive according to the rules of sequence
2. Subjunctive indicates that the subordinate clause is to be understood as part of the original statement.

Chapter XI Summary   Comparison of Adjectives and Adverbs

Forming and Declining Adjectives and Adverbs in the Comparative Degree
ADD **-ior, -ius** (3RD-DECLENSION ADJECTIVE WITH *TWO* ENDINGS) TO THE STEM OF THE POSITIVE DEGREE OF AN ADJECTIVE.
BUT: TWO ABLATIVE SINGULAR ENDINGS; *NON-I-STEM* IN THE PLURAL *EXCEPT* IN THE MASC./FEM. ACC.

	Singular		*Plural*	
	M./F.	N.	M./F.	N.
Nom./Voc.	pulchrior	pulchrius	pulchriōrēs	pulchriōra
Gen.	**pulchriōr**is	**pulchriōr**is	pulchriōrum	pulchriōrum
Dat.	pulchriōrī	pulchriōrī	pulchriōribus	pulchriōribus
Acc.	pulchriōrem	pulchrius	pulchriōrēs/pulchriōrīs	pulchriōra
Abl.	pulchriōre/ pulchriōrī	pulchriōre/ pulchriōrī	pulchriōribus	pulchriōribus

FOR THE *COMPARATIVE ADVERB* ADD **-ius** TO THE STEM OF THE POSITIVE DEGREE OF AN ADJECTIVE (e.g., **pulchrius**).

Forming and Declining Adjectives and Adverbs in the Superlative Degree
ADD **-issimus, -a, -um** TO THE STEM OF THE POSITIVE DEGREE OF AN ADJECTIVE (e.g., **fortissimus, -a, -um**).
ADD **-limus, -a, -um** TO THE STEM OF THE POSITIVE DEGREE OF **facilis, difficilis, similis, dissimilis,** or **humilis** (e.g., fac**illimus, -a, -um**).
IF THE MASCULINE SINGULAR NOMINATIVE OF AN ADJECTIVE ENDS IN **-r,** ADD **-rimus, -a, -um** TO THE *MASCULINE SINGULAR NOMINATIVE* (e.g., **pulcherrimus, -a, -um**).
FOR THE *SUPERLATIVE ADVERB* add **-ē** TO THE STEM OF THE SUPERLATIVE DEGREE OF AN ADJECTIVE (e.g., **fortissimē**, **facillimē, pulcherrimē**).

Irregular Comparison of Adjectives
bonus, -a, -um	**melior, melius** better	**optimus, -a, -um** best
malus, -a, -um	**peior, peius** worse	**pessimus, -a, -um** worst
magnus, -a, -um	**maior, maius** greater	**maximus, -a, -um** greatest
parvus, -a, -um	**minor, minus** smaller	**minimus, -a, -um** smallest
multus, -a, -um	**plūs/plūrēs, plūra** more	**plūrimus, -a, -um** most
————	**prior, prius** earlier	**prīmus, -a, -um** first

Irregular Comparison of Adverbs
bene	**melius** better	**optimē** best
male	**peius** worse	**pessimē** worst
magnopere	**magis** more greatly	**maximē** most greatly; especially
parum too little	**minus** less	**minimē** least
multum	**plūs** more	**plūrimum** most
————	**prius** before, sooner	**prīmum** first
saepe	**saepius** more often	**saepissimē** most often
diū for a long time	**diūtius** longer	**diūtissimē** longest

---

Constructions with the Comparative and Superlative Degrees of Adjectives and Adverbs

Comparison with Quam
USES THE WORD **QUAM** AS THE EQUIVALENT OF THE ENGLISH CONJUNCTION "THAN"

Altior est fīlius *quam* pater (est).
The son is taller *than* the father (is).

Ablative of Comparison
1. EXPRESSES AN ABSOLUTE STANDARD
2. *No* PREPOSITION USED

Patria mihi *vītā* meā est cārior.
(My) country is dearer to me *than* my *life*.

Ablative of Degree of Difference
1. EXPRESSES THE DEGREE OR AMOUNT BY WHICH THINGS BEING COMPARED DIFFER
2. *No* PREPOSITION USED

Multō altior est fīlius quam pater (est).
The son is *(by) much* taller than the father (is).

Relative Clause of Purpose (quō + Comparative)
A RELATIVE PRONOUN (ABLATIVE OF DEGREE OF DIFFERENCE) INTRODUCING A PURPOSE CLAUSE CONTAINING A COMPARATIVE ADJECTIVE OR ADVERB

Clārā vōce dīcō *quō* melius audiās.
I speak by means of a clear voice *in order that by this (degree)* better you may hear.

Quam + Superlative
QUAM ADDED TO AN ADJECTIVE OR ADVERB IN THE SUPERLATIVE DEGREE EXPRESSES THE *HIGHEST POSSIBLE DEGREE*

Pugnāte *quam ācerrimē*.
Fight (pl.) *as fiercely as possible.*

Ablatives of Degree of Difference and Partitive Genitives *also* appear with adjectives and adverbs in the *superlative* degree.

CHAPTER XII

Vocabulary

➤ **grātia, grātiae** *f.* favor, kindness; gratitude, thanks

➤ **littera, litterae** *f.* letter (of the alphabet); *pl.*, letter, epistle

memoria, memoriae *f.* memory

➤ **dubium, dubiī** *n.* doubt, hesitation (§117)

➤ **gēns, gentis, -ium** *f.* nation, people; family

fors, fortis, -ium *f.* chance, luck

mōns, montis, -ium *m.* mountain

➤ **rūmor, rūmōris** *m.* rumor

➤ **fās** (indeclinable noun) *n.* (what is divinely) right; (what is) permitted

➤ **nefās** (indeclinable noun) *n.* (what is divinely) forbidden; sacrilege

➤ **dubitō** (1-tr.) hesitate; doubt (§117)

➤ **ōrō** (1-tr.) beg (for)

➤ **rogō** (1-tr.) ask (for)

➤ **spērō** (1-tr.) hope (for)

➤ **cōnficiō, cōnficere, cōnfēcī, cōnfectus** accomplish, complete

➤ **oblīvīscor, oblīvīscī, oblītus sum** forget (+ gen.)

➤ **praeficiō, praeficere, praefēcī, praefectus** put in charge (of)

➤ **īnferō, īnferre, intulī, illātus** carry (into); inflict (on)

➤ **praeferō, praeferre, praetulī, praelātus** prefer

➤ **praesum, praeesse, praefuī, praefutūrus** be in charge (of), be in command (of)

➤ **volō, velle, voluī, ——** be willing, want, wish (§119)

➤ **mālō, mālle, māluī, ——** want more, prefer (§119)

➤ **nōlō, nōlle, nōluī, ——** be unwilling, not want, not wish (§119)

➤ **dignus, -a, -um** worthy (of) (+ abl.)

➤ **indignus, -a, -um** unworthy (of) (+ abl.)

➤ **dubius, -a, -um** doubtful (§117)

an (conj.) *introduces an alternative question,* or (§114); *introduces an Indirect Question,* whether (§116)

➤ **cum** (conj.) when; since; although (§118)

➤ **modo** (adv.) only, just; now, just now

necne (conj.) *in Indirect Question,* or not (§116)

nōnne (interrog. particle) *introduces a direct question expecting the answer "yes"* (§114)

num (interrog. particle) *introduces a direct question expecting the answer "no"* (§114); *introduces an Indirect Question,* whether (§116)

praeter (prep. + acc.) beyond; except

quīn (conj.) *introduces Doubting clause,* that (§117)

quō (interrog. adv.) to where, whither

➤ **tum** or **tunc** (adv.) then, at that time

unde (interrog. adv.) from where, whence

utrum (interrog. particle) *introduces the first question of a double direct question or Indirect Question* (§114, §116)

utrum . . . an . . .
-ne . . . an . . .   whether . . . or . . .
—— . . . an . . .   (§114, §116)

Chapter XII Summary Verb Syntax

Interrogative Words to Introduce Direct Questions

nōnne	introduces a question expecting the answer *yes*
num	introduces a question expecting the answer *no*
-ne	introduces a neutral question
utrum, -ne, or *nothing* may introduce *double* direct questions	

Other interrogative words	**quis, quid**	**cūr**	**ubi**	**quemadmodum**
	quī, quae, quod	**quam ob rem**		**quō modō**
		quārē		**uter, utra, utrum**

Nōnne illud carmen lēgistī? You read that poem, *didn't you?* (Expects a "yes")
Num illud carmen lēgistī? You *didn't* read that poem, *did you?* (Expects a "no")
Illud**ne** carmen lēgistī? Did you read that poem?
Utrum dīcit (Dīcit**ne**, Dīcit) **an** audit? Is he speaking or is he listening?

ubi
unde from where, whence
quō to where, whither

Deliberative Subjunctive (independent use)

Present or future time, *present* subjunctive: "should . . . ," "am/is/are . . . to . . ."

Quid *faciam?*
What *should I do?* (What *am I to do?*)

Past time, *imperfect* subjunctive, "should . . . have . . . ," "was/were . . . to . . ."

Quid *facerem?*
What *should I have done?* (What *was I to do?*)

Indirect Questions

1. ARE DIRECT QUESTIONS REPORTED INDIRECTLY
2. ARE INTRODUCED BY **NUM, AN,** OR ANY OTHER INTERROGATIVE WORD
3. WHEN *DOUBLE,* MAY BE INTRODUCED BY **UTRUM, -NE,** OR *NOTHING* WITH THE CONJUNCTION **AN** ("OR") INTRODUCING THE SECOND QUESTION
4. HAVE VERBS IN THE SUBJUNCTIVE ACCORDING TO THE RULES OF SEQUENCE
5. MAY *OCCASIONALLY* BE *DELIBERATIVE* SUBJUNCTIVES SUBORDINATED AS INDIRECT QUESTIONS
6. ARE NOUN CLAUSES

Quaesīvī *num* (*an*) Rōmam īre optāret.
I asked *whether she was desiring* to go to Rome.
Quaesīvī *utrum* Rōmam (Rōmam**ne,** Rōmam) *īret an rūrī manēret.*
I asked *whether she was going to Rome or remaining* in the country.
Nesciō quid *faciam.*
I don't know what *I should do.*

Doubting Clauses

1. ARE PRECEDED BY A VERB OR OTHER EXPRESSION OF DOUBTING
2. ARE INTRODUCED BY **NUM, AN,** OR OTHER INTERROGATIVE WORD
3. ARE INTRODUCED BY **QUĪN** WHEN DOUBT IS NEGATED OR VIRTUALLY NEGATED
4. HAVE VERBS IN THE SUBJUNCTIVE ACCORDING TO THE RULES OF SEQUENCE
5. ARE NOUN CLAUSES

Dubium est *an* nostrī vincant.
There is a doubt *whether* our men *are conquering.*
Nūllum dubium est *quīn* nostrī vincant.
There is no doubt *that* our men *are conquering.*

Cum Clauses

Type of Clause	Mood of Verb	Translation of **cum**
Temporal	Indicative	"(at the time) when"[1]
Circumstantial	Indicative (primary) (rare)	"(under the circumstances) when"
	Subjunctive (secondary)	
Causal	Subjunctive	"since/because"
Concessive	Subjunctive	"although"

1. When **cum** is followed by a *perfect* indicative and the verb in the main clause is *present* indicative, **cum** should be translated "whenever," and the perfect indicative should be translated as a *present.* When **cum** is followed by a *pluperfect* indicative and the verb in the main clause is *imperfect* indicative, **cum** should be translated "whenever," and the *pluperfect* indicative should be translated as an *imperfect.*

volō, velle, voluī, —— be willing, want, wish
nōlō, nōlle, nōluī, —— be unwilling, not want, not wish
mālō, mālle, māluī, —— want more, prefer

	Present Active Indicative			Present Active Subjunctive		
Singular						
1	volō	nōlō	mālō	velim	nōlim	mālim
2	vīs	nōn vīs	māvīs	velīs	nōlīs	mālīs
3	vult	nōn vult	māvult	velit	nōlit	mālit
Plural						
1	volumus	nōlumus	mālumus	velīmus	nōlīmus	mālīmus
2	vultis	nōn vultis	māvultis	velītis	nōlītis	mālītis
3	volunt	nōlunt	mālunt	velint	nōlint	mālint

Present Active Infinitive **velle**
nōlle
mālle

Present Active Participle **volēns, volentis**
nōlēns, nōlentis

Present Active Imperative **nōlī** (singular); **nōlīte** (plural)

mālō with comparative constructions

Sapiēns amīcitiam omnibus rēbus mālit. (Ablative of Comparison)
A wise man would want friendship more than all things.
Nostrī pugnāre quam fugere māluērunt. (comparison with **quam**)
Our men wanted to fight more than to flee.

nōlī and **nōlīte** with infinitives
to express negative commands

Nōlī, amīce, eōs ōdisse.
Do not hate them, friend.
Nōlīte ex prōvinciā discēdere.
Do not (pl.) depart from the province.

Dative with a Compound Verb

1. MAY APPEAR WITH CERTAIN COMPOUND VERBS
2. IS CONNECTED IN SENSE WITH THE MEANING OF THE
PREPOSITION

Iste *patriae* bellum īnferet.
That man will inflict war *on the country*.

CHAPTER XIII

Vocabulary

➤ **nihilum, nihilī** or *****nīlum, nīlī** *n.* nothing
➤ **pretium, pretiī** *n.* price, value

➤ **honor, honōris** *m.* honor, respect; (political) office
➤ **lūmen, lūminis** *n.* light, radiance; *pl.*, eyes
➤ **scelus, sceleris** *n.* wicked deed, crime; villainy
   vulnus, vulneris *n.* wound

➤ **aestimō** (1-tr.) estimate, value
➤ **ex(s)pectō** (1-tr.) wait (for), await, expect
➤ **moror** (1-tr.) hinder, delay, wait
➤ **mūtō** (1-tr.) change; take in exchange, give in exchange

   emō, emere, ēmī, ēmptus buy
➤ **faciō, facere, fēcī, factus** reckon (§129)
   gradior, gradī, gressus sum proceed, walk, step
   ➤ **ēgredior, ēgredī, ēgressus sum** go out, come out
➤ **incipiō, incipere, incēpī, inceptus** take on, begin
➤ **perdō, perdere, perdidī, perditus** destroy; lose
   vendō, vendere, vendidī, venditus sell

➤ **——, ——, coepī, coeptus** (defective verb) began, have begun
   fīō, fierī, factus sum become, happen; be made, be done (§126)

   cēterus, -a, -um rest (of), remaining part (of), (the) other
➤ **grātus, -a, -um** charming, pleasing; grateful, pleased

➤ **ingrātus, -a, -um** unpleasant, displeasing; ungrateful, displeased
   saevus, -a, -um cruel, savage
   tantus, -a, -um so much, so great (§125)
   quantus, -a, -um how much, how great; as much, as great (§125)

   tālis, tāle such, of such a sort (§125)
   quālis, quāle what sort of; of which sort, as (§125)

   tot (indeclinable adj.) so many (§125)
   quot (indeclinable adj.) how many; as many (§125)

➤ **ad** (prep. + acc.) for the purpose of (§123)
   antequam (conj.) before (§124)
➤ **causā** (+ *preceding* gen.) for the purpose of, for the sake of (§123)
   dōnec (conj.) while, as long as; until (§124)
   dum (conj.) while, as long as; until; provided that (§124)
➤ **dummodo** (conj.) provided that (§124)
➤ **grātiā** (+ *preceding* gen.) for the purpose of, for the sake of (§123)
   modo (conj.) provided that (§124)
   priusquam (conj.) before (§124)
   quia (conj.) because (§124)
   quod (conj.) because (§124)
   tam (adv.) so (§125)

Chapter XIII Summary   Gerunds, Gerundives, Subordinate Clauses III

GERUND (Verbal *Noun*)

1. is a neuter singular noun appearing in the genitive, dative, accusative, and ablative cases. (nominative is supplied by the Subject Infinitive.)

2. is formed with the present stem + **-ndī, -ndō, -ndum, -ndō** (3rd-i-stem- and 4th-conjugation verbs change stem vowel to **-ie-**):

Nom.	**vidēre**	to see/seeing
Gen.	**videndī**	of seeing
Dat.	**videndō**	to/for seeing
Acc.	**videndum**	seeing (d.o.)
Abl.	**videndō**	by (etc.) seeing

3. can have any noun syntax (Objective Gen., Abl. of Means, etc.) and is translated accordingly by the English gerund:

cupidus regendī	desirous of ruling (Objective Gen.)

4. is used to express purpose in the genitive with **causā** or **grātiā** (placed after) and in the accusative with **ad**:

videndī causā	for the sake of seeing
ad videndum	for the purpose of seeing

GERUNDIVE (Verbal *Adjective*)

1. is never a substantive but *must* agree with a noun in gender, number, and case.

2. is identical in all forms with the *future passive participle* (for example, **amandus, -a, -um, audiendus, -a, -um**), but contains no idea of obligation or necessity.

3. is lacking in English and so must be changed into a *gerund with a direct object* when translating into English:

dōnīs mittendīs	by sending gifts

4. is used to express purpose in the genitive with **causā** or **grātiā** (placed after) and in the accusative with **ad**:

rēgis videndī causā	for the sake of seeing the king
ad rēgem videndum	for the purpose of seeing the king

Subordinate Clauses III

With the *Indicative* Mood

With the *Subjunctive* Mood

TEMPORAL

dum, dōnec	while, as long as, until (action accomplished)

[**dum** + historical present indicative when *verb of main clause is past*: while . . . was/were -ing]

antequam, priusquam	before (action accomplished)

dum, dōnec	until . . . should . . . (action anticipated)

antequam, priusquam	before . . . can, before . . . could (action anticipated)

CAUSAL

quod, quia	because (cause viewed as true)

quod, quia	apparently because, allegedly because (factuality of cause *not* vouched for)

PROVISO

dum, dummodo, modo	provided that

Chapter XIII Summary   Correlatives, Verb Morphology, Noun Syntax

Correlatives: A **CORRELATIVE** IS AN ADJECTIVE, ADVERB, OR PRONOUN THAT *CORRESPONDS WITH* A PARALLEL ADJECTIVE, ADVERB, OR PRONOUN IN THE SAME SENTENCE.

	Demonstrative	*Exclamatory/Interrogative/Relative*
	tam (adv.) so	**quam** (adv.) how; as
	tālis, tāle such, of such a sort	**quālis, quāle** what sort of; of which sort, as
	tantus, -a, -um so much, so great	**quantus, -a, -um** how much, how great; as much, as great
	tot (indecl. adj.) so many	**quot** (indecl. adj.) how many; as many
Idiomatic	**tam . . . quam . . .**	as . . . as . . .
Translations of	**tālis . . . quālis . . .**	such . . . as . . . , of such a sort . . . as . . .
Correlatives	**tantus . . . quantus . . .**	as great . . . as . . . , as much . . . as . . .
	tot . . . quot . . .	as many . . . as . . .
	quō . . . eō (hōc) . . .	the (more) . . . the (more) . . .
	quantō . . . tantō . . .	the (more) . . . the (more) . . .

---

fīō, fierī, factus sum become, happen; be made, be done (used as the passive of **faciō** in the present system)

		INDICATIVE			SUBJUNCTIVE	
		Present	Imperfect	Future	Present	Imperfect
Sing.						
	1	**fīō**	**fīēbam**	**fīam**	**fīam**	**fierem**
	2	**fīs**	**fīēbās**	**fīēs**	**fīās**	**fierēs**
	3	**fit**	**fīēbat**	**fīet**	**fīat**	**fieret**
Plural						
	1	**fīmus**	**fīēbāmus**	**fīēmus**	**fīāmus**	**fierēmus**
	2	**fītis**	**fīēbātis**	**fīētis**	**fīātis**	**fierētis**
	3	**fīunt**	**fīēbant**	**fīent**	**fīant**	**fierent**

Imperative: Sing. **fī**   Plural **fīte**

Adverbial Accusative

1. EXPRESSES THE EXTENT TO WHICH THE ACTION OF THE VERB IS PERFORMED
2. *No* PREPOSITION USED

magnam/maximam partem for a great/ for the greatest part
multum much, a lot
nihil not at all
quantum how much, as much
quid to what extent, why
sōlum only
tantum so much; only (so much)

Accusative of Exclamation

1. EXPRESSES AN EXCLAMATION
2. OFTEN ACCOMPANIED BY AN EXCLAMATORY ADJECTIVE, ADVERB, OR INTERJECTION
3. *No* PREPOSITION USED

Quem *virum*!
What a *man*!
Ō *tempora*! **Ō** *mōrēs*!
O the *times*! O the *customs*!

Genitive of Indefinite Value

1. USED WITH VERBS OF *CONSIDERING, RECKONING,* AND *VALUING*
2. EXPRESSES THE ESTIMATED VALUE OR WORTH OF SOMETHING
3. MAY BE ACCOMPANIED BY THE NOUN **PRETIUM** IN THE GENITIVE CASE
4. USED IN PLACE OF THE ABLATIVE OF PRICE WITH **TANTĪ**, **QUANTĪ**, **PLŪRIS**, AND **MINŌRIS**

Tuum cōnsilium *magnī (pretiī)* **habeō.**
I consider your advice *of great value.*

Ablative of Price

1. USED WITH VERBS OF *BUYING, SELLING, VALUING,* AND *EXCHANGING*
2. *No* PREPOSITION USED
3. IS A SPECIALIZED USE OF THE ABLATIVE OF MEANS
4. MAY BE ACCOMPANIED BY THE NOUN **PRETIUM** IN THE ABLATIVE CASE
5. MAY BE TRANSLATED "FOR" OR "AT (THE PRICE OF)"

Tūne vītam fīliī *aurō* **vendidistī?**
Did you sell the life of (your) son *for gold?*

CHAPTER XIV

Vocabulary

lūna, lūnae *f.* moon

➤ **aetās, aetātis** *f.* age; lifetime; time
➤ **agmen, agminis** *n.* line (of march), column; multitude, throng
auctōritās, auctōritātis *f.* authority; influence
nōmen, nōminis *n.* name
ōs, ōris *n. sing. or pl.* mouth; face
sōl, sōlis *m.* sun

➤ **aliquis, aliquid** (indef. pron.) someone, something; anyone, anything (§132)
➤ **aliquī, aliqua, aliquod** (indef. adj.) some, any (§132)
➤ **quis, quid** (indef. pron.) someone, something; anyone, anything (§132)
➤ **quī, qua, quod** (indef. adj.) some, any (§132)
➤ **quisquam, quicquam** (indef. pron.) someone, something; anyone, anything (§132)
➤ **quisque, quidque (quicque)** (indef. pron.) each *or* every man *or* woman, each *or* every thing (§132)
➤ **quīque, quaeque, quodque** (indef. adj.) each, every (§132)

spectō (1-tr.) look (at), observe

➤ **accidō, accidere, accidī, ——** happen
➤ **efficiō, efficere, effēcī, effectus** make; bring about
metuō, metuere, metuī, —— fear, dread
➤ **occidō, occidere, occidī, occāsūrus** fall, set; die
➤ **premō, premere, pressī, pressus** press (hard); overpower; check

➤ **opprimō, opprimere, oppressī, oppressus** press on; overwhelm, oppress

➤ **orior, orīrī, ortus sum** rise, arise

absum, abesse, āfuī, āfutūrus be absent, be distant
adsum, adesse, adfuī, adfutūrus be present, be near
➤ **cōnferō, cōnferre, contulī, collātus** bring together; compare; direct
➤ **licet, licēre, licuit** or **licitum est** it is permitted (§137)
➤ **oportet, oportēre, oportuit** it is proper, it is right (§137)

➤ **cūnctus, -a, -um** all
➤ **reliquus, -a, -um** remaining, rest (of)

absēns, absentis absent
➤ **vetus, veteris** old

➤ **necesse** (indecl. adj.) necessary (§137)

adeō (adv.) to such an extent, to so great an extent, (so) very
haud (adv.) not at all, by no means
➤ **quodsī** (conj.) but if
➤ **vel** (conj.) or
(adv.) even
vel . . . vel . . . either . . . or . . .
vix (adv.) scarcely, hardly

Summary of Indefinite Pronouns and Adjectives

Pronoun		Adjective	
aliquis, aliquid	someone, something; anyone, anything	**aliquī, aliqua, aliquod**	some, any
quis, quid	someone, something; anyone, anything	**quī, qua, quod**	some, any
After **sī, nisi, num, nē**, all the **ali**'s drop away (also **ut** and **cum**)			
quisquam, quicquam	anyone, anything	**ūllus, -a, -um**	any
Used in negative and virtual negative contexts			
quisque, quidque/ quicque	each/every man/woman; each/every thing	**quīque, quaeque, quodque**	each, every

Result Clause

1. REPORTS THE *RESULT* OF AN ACTION IN THE MAIN CLAUSE
2. IS USUALLY SIGNALED BY AN *ADVERB* OR *ADJECTIVE* OF DEGREE IN THE MAIN CLAUSE[1]
3. IS INTRODUCED BY **ut** OR (NEGATIVE) **ut . . . nōn, ut nēmō**, ETC.
4. MAY HAVE A *PERFECT SUBJUNCTIVE BREAKING SEQUENCE* IN SECONDARY SEQUENCE TO EMPHASIZE THE ACTUAL COMPLETION OF THE ACTION

Tam honestus est *ut eī crēdās.*
So honorable is he *that that you would believe* him.
Sīc dīxerat *ut eam intellegerem.*
She had spoken *in such a way that I understood* her.
Sīc dīxerat *ut eam intellēxerim.*
She had spoken *in such a way that I actually understood* her.

Relative Clause of Result

1. IS A RESULT clause INTRODUCED BY A *RELATIVE PRONOUN*
2. MAKES A CLOSE CONNECTION BETWEEN THE SUBORDINATE CLAUSE AND THE MAIN CLAUSE
3. MAY USE **QUĪN** TO INTRODUCE A NEGATIVE RESULT

Quis est *tam* **fortis** *quī sine armīs pugnet?*
Who is *so brave that he would fight* without arms?
Nihil est *tam* **difficile** *quīn intellegī possit.*
Nothing is *so difficult that it cannot* be understood.

Substantive *Ut* Clause

1. IS A NOUN CLAUSE INTRODUCED BY **ut** OR **ut . . . nōn**
2. FUNCTIONS AS A SUBJECT (OF **accidit, fit,** OR **fierī potest**) OR AS A DIRECT OBJECT (OF **efficere** OR **facere**)
3. MAY BE INTRODUCED BY **nē** WHEN A STRONG COMMAND IS BEING GIVEN
4. MAY STAND IN APPOSITION TO A NOUN OR PRONOUN IN ORDER TO EXPLAIN IT
5. MAY BE THE SUBJECT OF THE VERB SUM WITH PREDICATES SUCH AS **mōs, opus,** OR **reliquum**

Accidit *ut* **cōpiās per prōvinciam** *dūcerem.* (subject clause)
It happened *that I was leading* (my) troops through the province.
Efficiam *ut* **cīvēs inter sē** *nōn pugnent.* (object clause)
I shall bring it about *that* the citizens *not fight* among themselves.
Facite *nē* **sociōs** *relinquātis,* **ō mīlitēs.** (object clause)
See to it *that you (pl.) not abandon* the allies, O soldiers.
Illud ipsum habet cōnsul *ut eī reliquī pāreant.*
The consul has that very thing, *that the remaining men obey* him.
Est mōs hominum *ut nōlint* **eundem plūribus rēbus esse optimum.**
It is the custom of men *that they do not want* the same man to be best in too many things.

Fore ut Construction

1. IS A PERIPHRASIS USED INSTEAD OF THE RARE FUTURE PASSIVE INFINITIVE *OR* WHEN A VERB LACKS A FOURTH PRINCIPAL PART
2. HAS A NOUN CLAUSE INTRODUCED BY **ut** THAT FUNCTIONS AS THE SUBJECT OF **fore** OR **futūrum esse**

Caesar dīcit *futūrum esse ut* **bellum mox** *cōnficiātur.*
Caesar says *that* the war *will be completed* soon.
Spērābāmus *fore ut* **Caesar bellum mox cōnficere** *posset.*
We were hoping *that* Caesar *would be able* to complete the war soon.

---

1. Adverbs of degree include **adeō, ita, sīc,** and **tam**. Adjectives of degree include **tālis, tāle; tantus, -a, -um;** and **tot**. Occasionally the demonstratives **hic, iste, ille,** and **is** signal a Result clause and should be translated "such (a)."

Chapter XIV Summary   Impersonal Verbs; Noun Syntax

Impersonal Constructions (licet, oportet, and necesse est)

1. ALL MAY HAVE A *SUBJECT INFINITIVE WITH* OR *WITHOUT A SUBJECT ACCUSATIVE*
2. ALL MAY APPEAR WITH A *JUSSIVE SUBJUNCTIVE* IN A *PARATACTIC CONSTRUCTION* THAT *FOLLOWS THE RULES OF SEQUENCE*
3. RARELY, ALL MAY APPEAR WITH A SUBSTANTIVE Ut CLAUSE
4. **licet** AND **necesse est** MAY HAVE A SUBJECT INFINITIVE AND A DATIVE OF REFERENCE

Oportet [*eōs*] in urbe *manēre*.
It is proper [*for them*] *to remain* in the city. [. . . *that they remain* . . .]
Licet [ut] hoc *faciās*.
It is permitted that *you do* this thing.
Necesse est *eīs* in urbe *manēre*.
It is necessary *for them to remain* in the city.

Genitive of Characteristic

1. EXPRESSES THE PERSON TO WHOM A CHARACTERISTIC BELONGS
2. IS AN EXTENDED USE OF THE GENITIVE OF POSSESSION
3. OFTEN APPEARS WITH A SUBJECT INFINITIVE

Sapientis **est pācem petere.**
To seek peace is *characteristic of a wise person.*

CHAPTER XV

Vocabulary

➤ **caput, capitis** *n*. head

➤ **nūmen, nūminis** *n*. divine power, divinity, divine spirit, numen

➤ **orbis, orbis, -ium** *m*. ring, circle
  ➤ **orbis terrārum** world

➤ **vultus, vultūs** *m. sing. or pl.*, expression; face

➤ **circumdō, circumdare, circumdedī, circumdatus** place round; surround

➤ **for** (1-tr.) speak, say

➤ **obstō, obstāre, obstitī, obstātūrus** stand in the way; hinder, block (§140)

➤ **vetō, vetāre, vetuī, vetitus** forbid (§140)

➤ **dēterreō, dēterrēre, dēterruī, dēterritus** deter, prevent (§140)

➤ **prohibeō, prohibēre, prohibuī, prohibitus** prevent; prohibit, forbid (§140)

➤ **vereor, verērī, veritus sum** be in awe of, respect; dread, fear (§140)

➤ **cingō, cingere, cīnxī, cīnctus** surround; gird (on oneself)

➤ **cōnstituō, cōnstituere, cōnstituī, cōnstitūtus** set up, establish; decide

➤ **rapiō, rapere, rapuī, raptus** seize, tear away, carry (off)
  ➤ **ēripiō, ēripere, ēripuī, ēreptus** tear away, snatch away

➤ **solvō, solvere, solvī, solūtus** loosen; free, release; dissolve

impediō, impedīre, impediī/impedīvī, impedītus hinder, impede (§140)

interest, interesse, interfuit it is important, it concerns (§141)

➤ **miseret, miserēre, miseruit or miseritum est** it moves (one) to pity (§141)

paenitet, paenitēre, paenituit it causes (one) to repent *or* regret (§141)

piget, pigēre, piguit it disgusts (one), it irks (one) (§141)

➤ **pudet, pudēre, puduit or puditum est** it makes (one) ashamed (§141)

rēfert, rēferre, rētulit it is important, it concerns (§141)

➤ **taedet, taedēre, taesum est** it makes (one) tired *or* sick (§141)

celer, celeris, celere swift

dulcis, dulce sweet, pleasant

turpis, turpe foul, ugly; base, shameful

nē (conj.) *introduces positive Fear clause*, that (§137)

quīn (conj.) *introduces Prevention clause*, from (§140)

➤ **quod** (conj.) the fact that

➤ **quōminus** (conj.) *introduces Prevention clause*, from (§140)

ut (conj.) *introduces negative Fear clause*, that . . . not (§139)

Chapter XV Summary   Verb Syntax

Fear Clause

1. IS A NOUN CLAUSE EXPRESSING THE THING FEARED
2. IS INTRODUCED BY **ut** ("THAT . . . NOT") OR **nē** ("THAT")
3. HAS A VERB IN THE SUBJUNCTIVE ACCORDING TO THE RULES OF SEQUENCE
4. MAY BE INTRODUCED BY **nē . . . nōn** (= **ut**) ESPECIALLY WHEN MAIN CLAUSE IS NEGATED

Magnopere metuit *nē* filius in bellō *moriātur*.
He greatly fears *that* (his) son *will die* in war.
Pater timēbat *ut* filius ē bellō *redīsset*.
The father was fearing *that* (his) son *had not returned* from war.

Prevention Clause

1. IS INTRODUCED BY CERTAIN VERBS OF HINDERING OR PREVENTING
2. IS INTRODUCED BY **quīn** OR **quōminus** WHEN MAIN CLAUSE IS NEGATED
3. IS INTRODUCED BY **nē** OR **quōminus** WHEN MAIN CLAUSE IS NOT NEGATED

Bellum *nōn* dēterrēbit *quīn* agricolae in agrīs *labōrent*.
War will *not* prevent the farmers *from working* in the fields.
Quid tibi obstat *nē* Rōmā *discēdās*?
What hinders you *from departing* from Rome?

Verbs Expressing Emotion (miseret, paenitet, piget, pudet, taedet)

1. *PERSON AFFECTED* IS EXPRESSED BY AN ACCUSATIVE, DIRECT OBJECT
2. *CAUSE OR OBJECT* OF EMOTION IS EXPRESSED BY A NOUN IN THE GENITIVE CASE
3. WITH **paenitet, piget,** AND **pudet** THE GENITIVE MAY BE REPLACED BY:
   a. SUBJECT INFINITIVE (WITH OR WITHOUT A SUBJECT ACCUSATIVE)
   b. SUBJECT CLAUSE INTRODUCED BY THE CONJUNCTION **quod** ("THE FACT THAT")

Illārum mē miseret.
I pity *those women*. [*Those women* move *me* to pity.]
Tē pudeat haec *dicere*.
Let saying these things make *you* ashamed.
Eum paenitēbat *quod nōs relīquerat*.
He was regretting *the fact that he had abandoned us*.

Verbs Expressing Concern or Interest (rēfert, interest)

1. *PERSON CONCERNED* IS EXPRESSED BY:
   a. THE FEM. SING. ABL. OF A POSSESSIVE ADJ. OR
   b. NOUN IN THE GENITIVE CASE
2. *CAUSE OR OBJECT* OF CONCERN MAY BE EXPRESSED BY:
   a. NEUTER PRONOUN IN THE NOMINATIVE CASE
   b. SUBJECT INFINITIVE (WITH OR WITHOUT A SUBJECT ACCUSATIVE)
   c. SUBSTANTIVE **UT** CLAUSE (SUBJECT CLAUSE); NEGATIVE = **nē**
   d. INDIRECT QUESTION

Tuāne hoc rēfert? *Meā* interest *audīre* tuam sententiam.
Is *this thing* important *to you*? *To hear* your opinion is important *to me*.
Meā maximē interest *ut* quam prīmum *discēdās*.
It concerns *me* very greatly *that you depart* as soon as possible.
Omnium intererat *quid cōnsilī cōnsulēs caperent*.
It was important *to all people what (of a) plan the consuls were forming*.

Chapter XV Summary   Verb and Noun Syntax

Subjunctive by Attraction

1. IS USED IN CLAUSES THAT ARE SUBORDINATE TO OTHER CLAUSES WITH VERBS IN THE SUBJUNCTIVE OR TO INFINITIVES

2. HAS A VERB IN THE SUBJUNCTIVE ACCORDING TO THE RULES OF SEQUENCE

Scīsne quid pater, priusquam *mortuus sit*, dīxerit?
Do you know what the father said before *he died?*
Sapientis est fugere ubi perīculum *sentiat*.
It is characteristic of a wise man to flee when *he perceives* danger.

Supine

1. IS FORMED BY ADDING **-um** (ACC.) OR **-ū** (ABL.) TO THE STEM FROM 4TH PRINCIPAL PART

2. IS A VERBAL NOUN THAT APPEARS IN THE ACCUSATIVE AND ABLATIVE SINGULAR ONLY

3. WITH A VERB OF MOTION, THE *ACCUSATIVE* EXPRESSES *PURPOSE* ONLY

4. THE ABLATIVE IS *ALWAYS* AN *ABLATIVE OF RESPECT*.

Hostēs *oppugnātum* patriam nostram veniunt.
The enemies are coming *for the purpose of attacking* our country.
Deōs superat—sī hoc fās est *dictū*.
He surpasses the gods—if this thing is right *to say (in respect to the saying).*

Accusative of Respect

QUALIFIES OR LIMITS AN ADJECTIVE (OFTEN A PERFECT PASSIVE PARTICIPLE)

hōc concussa metū *mentem* . . .
[she] having been struck *in respect to (her) mind* by this fear . . .

Accusative, Direct Object of a Middle Voice Verb

APPEARS WITH PASSIVE VERB FORMS IN LATIN THAT ARE USED TO REPRESENT GREEK MIDDLE VOICE

. . . cīnctus (est) honōre *caput*.
. . . [he] surrounded (his) *head* with honor.

Historical Infinitive

1. IS A PRESENT ACTIVE OR PASSIVE INFINITIVE REPLACING A FINITE VERB IN THE IMPERFECT OR PERFECT TENSE

2. HAS A *SUBJECT* IN THE *NOMINATIVE* CASE

Hostēs ex omnibus partibus, signō datō, *oppugnāre*.
Enemies from all parts, with the signal having been given, *attacked.*

Synopsis VI, Chapter X

Name _____

Principal Parts: _____

Person, Number, and Gender: _____

	Active	Passive
Pres. Indic.	_____	_____
Imperf. Indic.	_____	_____
Fut. Indic.	_____	_____
Perf. Indic.	_____	_____
Pluperf. Indic.	_____	_____
Fut. Perf. Indic.	_____	_____
Pres. Subjunc.	_____	_____
Imperf. Subjunc.	_____	_____
Perf. Subjunc.	_____	_____
Pluperf. Subjunc.	_____	_____
Pres. Part.	_____	X
Perf. Part.	X	_____
Fut. Part.	_____	_____
Pres. Infin.	_____	_____
Imper. Sing.	_____	_____
Imper. Pl.	_____	_____

Synopsis VII, Chapter XI

Principal Parts: _____

Person, Number, and Gender: _____

	Active	Passive
Pres. Indic.	_____	_____
Imperf. Indic.	_____	_____
Fut. Indic.	_____	_____
Perf. Indic.	_____	_____
Pluperf. Indic.	_____	_____
Fut. Perf. Indic.	_____	_____
Pres. Subjunc.	_____	_____
Imperf. Subjunc.	_____	_____
Perf. Subjunc.	_____	_____
Pluperf. Subjunc.	_____	_____
Pres. Part.	_____	X
Perf. Part.	X	_____
Fut. Part.	_____	_____
Pres. Infin.	_____	_____
Perf. Infin.	_____	_____
Fut. Infin.	_____	R A R E
Imper. Sing.	_____	
Imper. Pl.	_____	

MORPHOLOGY APPENDIX

Note: Forms in brackets are not introduced in the textbook.

Nouns

First Declension

puella, puellae *f.*

Singular

Nom.	puella
Gen.	puellae
Dat.	puellae
Acc.	puellam
Abl.	puellā
Voc.	puella

Plural

Nom./Voc.	puellae
Gen.	puellārum
Dat.	puellīs
Acc.	puellās
Abl.	puellīs

Second Declension

servus, servī *m.*
fīlius, fīliī *m.*
puer, puerī *m.*

perīculum, perīculī *n.*
cōnsilium, cōnsiliī *n.*

	M./F.			N.	
Singular					
Nom.	servus	fīlius	puer	perīculum	cōnsilium
Gen.	servī	fīliī/fīlī	puerī	perīculī	cōnsiliī/cōnsilī
Dat.	servō	fīliō	puerō	perīculō	cōnsiliō
Acc.	servum	fīlium	puerum	perīculum	cōnsilium
Abl.	servō	fīliō	puerō	perīculō	cōnsiliō
Voc.	serve	fīlī	puer	perīculum	cōnsilium
Plural					
Nom./Voc.	servī	fīliī	puerī	perīcula	cōnsilia
Gen.	servōrum	fīliōrum	puerōrum	perīculōrum	cōnsiliōrum
Dat.	servīs	fīliīs	puerīs	perīculīs	cōnsiliīs
Acc.	servōs	fīliōs	puerōs	perīcula	cōnsilia
Abl.	servīs	fīliīs	puerīs	perīculīs	cōnsiliīs

Third Declension

		miles, militis *m.* urbs, urbis, -ium *f.*		corpus, corporis *n.* animal, animalis, -ium *n.*	

	M./F.	M./F. i-stem	N.	N. i-stem
Singular				
Nom./Voc.	mīles	urbs	corpus	animal
Gen.	mīlitis	urbis	corporis	animālis
Dat.	mīlitī	urbī	corporī	animālī
Acc.	mīlitem	urbem	corpus	animal
Abl.	mīlite	urbe	corpore	animālī
Plural				
Nom./Voc.	mīlitēs	urbēs	corpora	animālia
Gen.	mīlitum	urbium	corporum	animālium
Dat.	mīlitibus	urbibus	corporibus	animālibus
Acc.	mīlitēs	urbēs/urbīs	corpora	animālia
Abl.	mīlitibus	urbibus	corporibus	animālibus

Fourth Declension

mōtus, mōtūs *m.*
cornū, cornūs *n.*

	M./F.	[N.
Singular		
Nom./Voc.	mōtus	cornū
Gen.	mōtūs	cornūs
Dat.	mōtuī/mōtū	cornū
Acc.	mōtum	cornū
Abl.	mōtū	cornū
Plural		
Nom./Voc.	mōtūs	cornua
Gen.	mōtuum	cornuum
Dat.	mōtibus	cornibus
Acc.	mōtūs	cornua
Abl.	mōtibus	cornibus]

Fifth Declension

rēs, reī *f.*
aciēs, aciēī *f.*

	Stem ends in *consonant*	Stem ends in *vowel*
Singular		
Nom./Voc.	rēs	aciēs
Gen.	reī	aciēī
Dat.	reī	aciēī
Acc.	rem	aciem
Abl.	rē	aciē
Plural		
Nom./Voc.	rēs	aciēs
Gen.	rērum	aciērum
Dat.	rēbus	aciēbus
Acc.	rēs	aciēs
Abl.	rēbus	aciēbus

Adjectives and Pronouns

First-Second-Declension Adjectives

bonus, bona, bonum
pulcher, pulchra, pulchrum

Singular	M.	F.	Ṅ.	M.	F.	N.
Nom.	bonus	bona	bonum	pulcher	pulchra	pulchrum
Gen.	bonī	bonae	bonī	pulchrī	pulchrae	pulchrī
Dat.	bonō	bonae	bonō	pulchrō	pulchrae	pulchrō
Acc.	bonum	bonam	bonum	pulchrum	pulchram	pulchrum
Abl.	bonō	bonā	bonō	pulchrō	pulchrā	pulchrō
Voc.	bone	bona	bonum	pulcher	pulchra	pulchrum
Plural						
Nom./Voc.	bonī	bonae	bona	pulchrī	pulchrae	pulchra
Gen.	bonōrum	bonārum	bonōrum	pulchrōrum	pulchrārum	pulchrōrum
Dat.	bonīs	bonīs	bonīs	pulchrīs	pulchrīs	pulchrīs
Acc.	bonōs	bonās	bona	pulchrōs	pulchrās	pulchra
Abl.	bonīs	bonīs	bonīs	pulchrīs	pulchrīs	pulchrīs

Third-Declension Adjectives

With three nominative singular forms:			ācer, ācris, ācre		
With two nominative singular forms:			fortis, forte		

Singular	M.	F.	N.	M.	F.	N.
Nom./Voc.	ācer	ācris	ācre	fortis	fortis	forte
Gen.	ācris	ācris	ācris	fortis	fortis	fortis
Dat.	ācrī	ācrī	ācrī	fortī	fortī	fortī
Acc.	ācrem	ācrem	ācre	fortem	fortem	forte
Abl.	ācrī	ācrī	ācrī	fortī	fortī	fortī

Plural						
Nom./Voc.	ācrēs	ācrēs	ācria	fortēs	fortēs	fortia
Gen.	ācrium	ācrium	ācrium	fortium	fortium	fortium
Dat.	ācribus	ācribus	ācribus	fortibus	fortibus	fortibus
Acc.	ācrēs/ācrīs	ācrēs/ācrīs	ācria	fortēs/fortīs	fortēs/fortīs	fortia
Abl.	ācribus	ācribus	ācribus	fortibus	fortibus	fortibus

With one nominative singular form:			ingēns, ingentis		
			vocāns, vocantis		

Singular	M.	F.	N.	M.	F.	N.
Nom./Voc.	ingēns	ingēns	ingēns	vocāns	vocāns	vocāns
Gen.	ingentis	ingentis	ingentis	vocantis	vocantis	vocantis
Dat.	ingentī	ingentī	ingentī	vocantī	vocantī	vocantī
Acc.	ingentem	ingentem	ingēns	vocantem	vocantem	vocāns
Abl.	ingentī	ingentī	ingentī	vocantī/ vocante	vocantī/ vocante	vocantī/ vocante

Plural						
Nom./Voc.	ingentēs	ingentēs	ingentia	vocantēs	vocantēs	vocantia
Gen.	ingentium	ingentium	ingentium	vocantium	vocantium	vocantium
Dat.	ingentibus	ingentibus	ingentibus	vocantibus	vocantibus	vocantibus
Acc.	ingentēs/ ingentīs	ingentēs/ ingentīs	ingentia	vocantēs/ vocantīs	vocantēs/ vocantīs	vocantia
Abl.	ingentibus	ingentibus	ingentibus	vocantibus	vocantibus	vocantibus

Comparative Adjectives

	Singular			*Plural*		
	M.	F.	N.	M.	F.	N.
Nom./Voc.	pulchrior	pulchrior	pulchrius	pulchriōrēs	pulchriōrēs	pulchriōra
Gen.	pulchriōris	pulchriōris	pulchriōris	pulchriōrum	pulchriōrum	pulchriōrum
Dat.	pulchriōrī	pulchriōrī	pulchriōrī	pulchriōribus	pulchriōribus	pulchriōribus
Acc.	pulchriōrem	pulchriōrem	pulchrius	pulchriōrēs/ pulchriōrīs	pulchriōrēs/ pulchriōrīs	pulchriōra
Abl.	pulchriōre/ pulchriōrī	pulchriōre/ pulchriōrī	pulchriōre/ pulchriōrī	pulchriōribus	pulchriōribus	pulchriōribus

Demonstrative Adjectives and Pronouns

hic, haec, hoc

	Singular			Plural		
	M.	F.	N.	M.	F.	N.
Nom.	hic	haec	hoc	hī	hae	haec
Gen.	huius	huius	huius	hōrum	hārum	hōrum
Dat.	huic	huic	huic	hīs	hīs	hīs
Acc.	hunc	hanc	hoc	hōs	hās	haec
Abl.	hōc	hāc	hōc	hīs	hīs	hīs

ille, illa, illud

	Singular			Plural		
	M.	F.	N.	M.	F.	N.
Nom.	ille	illa	illud	illī	illae	illa
Gen.	illīus	illīus	illīus	illōrum	illārum	illōrum
Dat.	illī	illī	illī	illīs	illīs	illīs
Acc.	illum	illam	illud	illōs	illās	illa
Abl.	illō	illā	illō	illīs	illīs	illīs

is, ea, id

	Singular			Plural		
	M.	F.	N.	M.	F.	N.
Nom.	is	ea	id	eī/iī	eae	ea
Gen.	eius	eius	eius	eōrum	eārum	eōrum
Dat.	eī	eī	eī	eīs/iīs	eīs/iīs	eīs/iīs
Acc.	eum	eam	id	eōs	eās	ea
Abl.	eō	eā	eō	eīs/iīs	eīs/iīs	eīs/iīs

iste, ista, istud

	Singular			Plural		
	M.	F.	N.	M.	F.	N.
Nom.	iste	ista	istud	istī	istae	ista
Gen.	istīus	istīus	istīus	istōrum	istārum	istōrum
Dat.	istī	istī	istī	istīs	istīs	istīs
Acc.	istum	istam	istud	istōs	istās	ista
Abl.	istō	istā	istō	istīs	istīs	istīs

Personal Pronouns

First Person   ego, meī
nōs, nostrum/nostrī

Second Person   tū, tuī
vōs, vestrum/vestrī

	Singular	Plural	Singular	Plural
Nom.	ego	nōs	tū	vōs
Gen.	meī	nostrum/nostrī	tuī	vestrum/vestrī
Dat.	mihi	nōbīs	tibi	vōbīs
Acc.	mē	nōs	tē	vōs
Abl.	mē	nōbīs	tē	vōbīs

Third Person   **is, ea, id**

	Singular			*Plural*		
	M.	F.	N.	M.	F.	N.
Nom.	is	ea	id	eī/iī	eae	ea
Gen.	eius	eius	eius	eōrum	eārum	eōrum
Dat.	eī	eī	eī	eīs/iīs	eīs/iīs	eīs/iīs
Acc.	eum	eam	id	eōs	eās	ea
Abl.	eō	eā	eō	eīs/iīs	eīs/iīs	eīs/iīs

Reflexive Pronouns

First Person   ——, meī

                    ——, nostrum/nostrī

Second Person   ——, tuī

                    ——, vestrum/vestrī

Third Person   ——, suī

	Singular	*Plural*	*Singular*	*Plural*	*Sing./Pl.*
Nom.	——	——	——	——	
Gen.	meī	nostrum/nostrī	tuī	vestrum/vestrī	suī
Dat.	mihi	nōbīs	tibi	vōbīs	sibi
Acc.	mē	nōs	tē	vōs	sē/sēsē
Abl.	mē	nōbīs	tē	vōbīs	sē/sēsē

Intensive Adjective

ipse, ipsa, ipsum

	Singular			*Plural*		
	M.	F.	N.	M.	F.	N.
Nom.	ipse	ipsa	ipsum	ipsī	ipsae	ipsa
Gen.	ipsīus	ipsīus	ipsīus	ipsōrum	ipsārum	ipsōrum
Dat.	ipsī	ipsī	ipsī	ipsīs	ipsīs	ipsīs
Acc.	ipsum	ipsam	ipsum	ipsōs	ipsās	ipsa
Abl.	ipsō	ipsā	ipsō	ipsīs	ipsīs	ipsīs

Relative Pronoun

quī, quae, quod

	Singular			*Plural*		
	M.	F.	N.	M.	F.	N.
Nom.	quī	quae	quod	quī	quae	quae
Gen.	cuius	cuius	cuius	quōrum	quārum	quōrum
Dat.	cui	cui	cui	quibus	quibus	quibus
Acc.	quem	quam	quod	quōs	quās	quae
Abl.	quō	quā	quō	quibus	quibus	quibus

Interrogative Pronoun and Adjective

quis, quid

	Singular			*Plural*		
	M./F.	N.		M.	F.	N.
Nom.	quis	quid		quī	quae	quae
Gen.	cuius	cuius		quōrum	quārum	quōrum
Dat.	cui	cui		quibus	quibus	quibus
Acc.	quem	quid		quōs	quās	quae
Abl.	quō	quō		quibus	quibus	quibus

quī, quae, quod

	Singular			*Plural*		
	M.	F.	N.	M.	F.	N.
Nom.	quī	quae	quod	quī	quae	quae
Gen.	cuius	cuius	cuius	quōrum	quārum	quōrum
Dat.	cui	cui	cui	quibus	quibus	quibus
Acc.	quem	quam	quod	quōs	quās	quae
Abl.	quō	quā	quō	quibus	quibus	quibus

Indefinite Pronouns and Adjectives

aliquis, aliquid (pron.)

	Singular			*Plural*		
	M./F.	N.		M.	F.	N.
Nom.	aliquis	aliquid		aliquī	aliquae	aliqua
Gen.	alicuius	alicuius		aliquōrum	aliquārum	aliquōrum
Dat.	alicui	alicui		aliquibus	aliquibus	aliquibus
Acc.	aliquem	aliquid		aliquōs	aliquās	aliqua
Abl.	aliquō	aliquā		aliquibus	aliquibus	aliquibus

aliquī, aliqua, aliquod (adj.)

	Singular			*Plural*		
	M.	F.	N.	M.	F.	N.
Nom.	aliquī	aliqua	aliquod	aliquī	aliquae	aliqua
Gen.	alicuius	alicuius	alicuius	aliquōrum	aliquārum	aliquōrum
Dat.	alicui	alicui	alicui	aliquibus	aliquibus	aliquibus
Acc.	aliquem	aliquam	aliquod	aliquōs	aliquās	aliqua
Abl.	aliquō	aliquā	aliquō	aliquibus	aliquibus	aliquibus

quis, quid (pron.)

	Singular			*Plural*		
	M./F.	N.		M.	F.	N.
Nom.	quis	quid		quī	quae	quae
Gen.	cuius	cuius		quōrum	quārum	quōrum
Dat.	cui	cui		quibus	quibus	quibus
Acc.	quem	quid		quōs	quās	quae
Abl.	quō	quō		quibus	quibus	quibus

quī, qua, quod (adj.)

	Singular			*Plural*		
	M.	F.	N.	M.	F.	N.
Nom.	quī	qua	quod	quī	quae	qua/quae
Gen.	cuius	cuius	cuius	quōrum	quārum	quōrum
Dat.	cui	cui	cui	quibus	quibus	quibus
Acc.	quem	quam	quod	quōs	quās	qua/quae
Abl.	quō	quā	quō	quibus	quibus	quibus

quisquam, quicquam (pron.)

	Singular		
	M./F.	N.	
Nom.	quisquam	quicquam (quidquam)	Does not occur in the plural
Gen.	cuiusquam	cuiusquam	
Dat.	cuiquam	cuiquam	
Acc.	quemquam	quicquam (quidquam)	
Abl.	quōquam	quōquam	

quisque, quidque (pron.)

	Singular		*Plural*		
	M./F.	N.	M.	F.	N.
Nom.	quisque	quidque (quicque)	quīque	quaeque	quaeque
Gen.	cuiusque	cuiusque	quōrumque	quārumque	quōrumque
Dat.	cuique	cuique	quibusque	quibusque	quibusque
Acc.	quemque	quidque (quicque)	quōsque	quāsque	quaeque
Abl.	quōque	quōque	quibusque	quibusque	quibusque

quīque, quaeque, quodque (adj.)

	Singular			*Plural*		
	M.	F.	N.	M.	F.	N.
Nom.	quīque	quaeque	quodque	quīque	quaeque	quaeque
Gen.	cuiusque	cuiusque	cuiusque	quōrumque	quārumque	quōrumque
Dat.	cuique	cuique	cuique	quibusque	quibusque	quibusque
Acc.	quemque	quamque	quodque	quōsque	quāsque	quaeque
Abl.	quōque	quāque	quōque	quibusque	quibusque	quibusque

quīdam, quaedam, quiddam (pron.)

	Singular			*Plural*		
	M.	F.	N.	M.	F.	N.
Nom.	quīdam	quaedam	quiddam	quīdam	quaedam	quaedam
Gen.	cuiusdam	cuiusdam	cuiusdam	quōrundam	quārundam	quōrundam
Dat.	cuidam	cuidam	cuidam	quibusdam	quibusdam	quibusdam
Acc.	quendam	quandam	quiddam	quōsdam	quāsdam	quaedam
Abl.	quōdam	quādam	quōdam	quibusdam	quibusdam	quibusdam

quīdam, quaedam, quoddam (adj.)

	Singular			*Plural*		
	M.	F.	N.	M.	F.	N.
Nom.	quīdam	quaedam	quoddam	quīdam	quaedam	quaedam
Gen.	cuiusdam	cuiusdam	cuiusdam	quōrundam	quārundam	quōrundam
Dat.	cuidam	cuidam	cuidam	quibusdam	quibusdam	quibusdam
Acc.	quendam	quandam	quoddam	quōsdam	quāsdam	quaedam
Abl.	quōdam	quādam	quōdam	quibusdam	quibusdam	quibusdam

Irregular Adjectives

First-Second-Declension Adjectives Irregular in the Singular Only

alius, alia, aliud
alter, altera, alterum
neuter, neutra, neutrum
nūllus, -a, -um
sōlus, -a, -um
tōtus, -a, -um
ūllus, -a, -um
ūnus, -a, -um
uter, utra, utrum

Singular	M.	F.	N.
Nom.	tōtus	tōta	tōtum
Gen.	tōtīus	tōtīus	tōtīus
Dat.	tōtī	tōtī	tōtī
Acc.	tōtum	tōtam	tōtum
Abl.	tōtō	tōtā	tōtō

īdem, eadem, idem

	Singular			*Plural*		
	M.	F.	N.	M.	F.	N.
Nom.	īdem	eadem	idem	īdem/eīdem	eaedem	eadem
Gen.	eiusdem	eiusdem	eiusdem	eōrundem	eārundem	eōrundem
Dat.	eīdem	eīdem	eīdem	īsdem/ eīsdem	īsdem/ eīsdem	īsdem/ eīsdem
Acc.	eundem	eandem	idem	eōsdem	eāsdem	eadem
Abl.	eōdem	eādem	eōdem	īsdem/ eīsdem	īsdem/ eīsdem	īsdem/ eīsdem

Adverbs

Adverbs in the Positive Degree Formed from First-Second-Declension Adjectives

acerbē < acerbus, -a, -um
pulchrē < pulcher, pulchra, pulchrum

Adverbs in the Positive Degree Formed from Third-Declension Adjectives

fortiter < fortis, forte

Adverbs in the Comparative Degree

acerbius < acerbus, -a, -um
pulchrius < pulcher, pulchra, pulchrum
fortius < fortis, forte

Adverbs in the Superlative Degree

acerbissimē < acerbus, -a, -um
pulcherrimē < pulcher, pulchra, pulchrum
fortissimē < fortis, forte
simillimē < similis, simile

Verbs

First Conjugation

Principal Parts: **vocō, vocāre, vocāvī, vocātus**

	Indicative			Subjunctive	

Present

	Active	Passive		Active	Passive
			Singular		
1	vocō	vocor	1	vocem	vocer
2	vocās	vocāris/vocāre	2	vocēs	vocēris/vocēre
3	vocat	vocātur	3	vocet	vocētur
			Plural		
1	vocāmus	vocāmur	1	vocēmus	vocēmur
2	vocātis	vocāminī	2	vocētis	vocēminī
3	vocant	vocantur	3	vocent	vocentur

Imperfect

	Active	Passive		Active	Passive
			Singular		
1	vocābam	vocābar	1	vocārem	vocārer
2	vocābās	vocābāris/vocābāre	2	vocārēs	vocārēris/vocārēre
3	vocābat	vocābātur	3	vocāret	vocārētur
			Plural		
1	vocābāmus	vocābāmur	1	vocārēmus	vocārēmur
2	vocābātis	vocābāminī	2	vocārētis	vocārēminī
3	vocābant	vocābantur	3	vocārent	vocārentur

	Indicative		Subjunctive

Future
  Active   Passive

Singular

1	vocābō	vocābor
2	vocābis	vocāberis/vocābere
3	vocābit	vocābitur

Plural

1	vocābimus	vocābimur
2	vocābitis	vocābiminī
3	vocābunt	vocābuntur

Perfect

	Active	Passive		Active	Passive

Singular

1	vocāvī	vocātus, -a, -um sum	1	vocāverim	vocātus, -a, -um sim
2	vocāvistī	vocātus, -a, -um es	2	vocāveris	vocātus, -a, -um sīs
3	vocāvit	vocātus, -a, -um est	3	vocāverit	vocātus, -a, -um sit

Plural

1	vocāvimus	vocātī, -ae, -a sumus	1	vocāverimus	vocātī, -ae, -a sīmus
2	vocāvistis	vocātī, -ae, -a estis	2	vocāveritis	vocātī, -ae, -a sītis
3	vocāvērunt/vocāvēre	vocātī, -ae, -a sunt	3	vocāverint	vocātī, -ae, -a sint

---

Pluperfect

	Active	Passive		Active	Passive

Singular

1	vocāveram	vocātus, -a, -um eram	1	vocāvissem	vocātus, -a, -um essem
2	vocāverās	vocātus, -a, -um erās	2	vocāvissēs	vocātus, -a, -um essēs
3	vocāverat	vocātus, -a, -um erat	3	vocāvisset	vocātus, -a, -um esset

Plural

1	vocāverāmus	vocātī, -ae, -a erāmus	1	vocāvissēmus	vocātī, -ae, -a essēmus
2	vocāverātis	vocātī, -ae, -a erātis	2	vocāvissētis	vocātī, -ae, -a essētis
3	vocāverant	vocātī, -ae, -a erant	3	vocāvissent	vocātī, -ae, -a essent

---

Future Perfect

	Active	Passive

Singular

1	vocāverō	vocātus, -a, -um erō
2	vocāveris	vocātus, -a, -um eris
3	vocāverit	vocātus, -a, -um erit

Plural

1	vocāverimus	vocātī, -ae, -a erimus
2	vocāveritis	vocātī, -ae, -a eritis
3	vocāverint	vocātī, -ae, -a erunt

Participle

	Active	Passive
Present	vocāns, vocantis	
Perfect		vocātus, -a, -um
Future	vocātūrus, -a, -um	vocandus, -a, -um

Infinitive

	Active	Passive
Present	vocāre	vocārī
Perfect	vocāvisse	vocātus, -a, -um esse
Future	vocātūrus, -a, -um esse	[vocātum īrī]

Imperative

Present

		Active	Passive
Singular	2	vocā	vocāre
Plural	2	vocāte	vocāminī

[Future

		Active	Passive
Singular	2	vocātō	vocātor
	3	vocātō	vocātor
Plural	2	vocātōte	
	3	vocantō	vocantor]

Second Conjugation

Principal Parts: **moveō, movēre, mōvī, mōtus**

Indicative / Subjunctive

Present

	Active	Passive		Active	Passive
			Singular		
1	moveō	moveor	1	moveam	movear
2	movēs	movēris/movēre	2	moveās	moveāris/moveāre
3	movet	movētur	3	moveat	moveātur
			Plural		
1	movēmus	movēmur	1	moveāmus	moveāmur
2	movētis	movēminī	2	moveātis	moveāminī
3	movent	moventur	3	moveant	moveantur

Imperfect

	Active	Passive		Active	Passive
			Singular		
1	movēbam	movēbar	1	movērem	movērer
2	movēbās	movēbāris/movēbāre	2	movērēs	movērēris/movērēre
3	movēbat	movēbātur	3	movēret	movērētur
			Plural		
1	movēbāmus	movēbāmur	1	movērēmus	movērēmur
2	movēbātis	movēbāminī	2	movērētis	movērēminī
3	movēbant	movēbantur	3	movērent	movērentur

Future

	Active	Passive
		Singular
1	movēbō	movēbor
2	movēbis	movēberis/movēbere
3	movēbit	movēbitur
		Plural
1	movēbimus	movēbimur
2	movēbitis	movēbiminī
3	movēbunt	movēbuntur

| Indicative | Subjunctive |

Perfect

Active	Passive	Active	Passive
Singular			
1 mōvī	mōtus, -a, -um sum	1 mōverim	mōtus, -a, -um sim
2 mōvistī	mōtus, -a, -um es	2 mōveris	mōtus, -a, -um sīs
3 mōvit	mōtus, -a, -um est	3 mōverit	mōtus, -a, -um sit
Plural			
1 mōvimus	mōtī, -ae, -a sumus	1 mōverimus	mōtī, -ae, -a sīmus
2 mōvistis	mōtī, -ae, -a estis	2 mōveritis	mōtī, -ae, -a sītis
3 mōvērunt/mōvēre	mōtī, -ae, -a sunt	3 mōverint	mōtī, -ae, -a sint

Pluperfect

Active	Passive	Active	Passive
Singular			
1 mōveram	mōtus, -a, -um eram	1 mōvissem	mōtus, -a, -um essem
2 mōverās	mōtus, -a, -um erās	2 mōvissēs	mōtus, -a, -um essēs
3 mōverat	mōtus, -a, -um erat	3 mōvisset	mōtus, -a, -um esset
Plural			
1 mōverāmus	mōtī, -ae, -a erāmus	1 mōvissēmus	mōtī, -ae, -a essēmus
2 mōverātis	mōtī, -ae, -a erātis	2 mōvissētis	mōtī, -ae, -a essētis
3 mōverant	mōtī, -ae, -a erant	3 mōvissent	mōtī, -ae, -a essent

Future Perfect

Active	Passive
Singular	
1 mōverō	mōtus, -a, -um erō
2 mōveris	mōtus, -a, -um eris
3 mōverit	mōtus, -a, -um erit
Plural	
1 mōverimus	mōtī, -ae, -a erimus
2 mōveritis	mōtī, -ae, -a eritis
3 mōverint	mōtī, -ae, -a erunt

Participle

	Active	Passive
Present	movēns, moventis	
Perfect		mōtus, -a, -um
Future	mōtūrus, -a, -um	movendus, -a, -um

Infinitive

	Active	Passive
Present	movēre	movērī
Perfect	mōvisse	mōtus, -a, -um esse
Future	mōtūrus, -a, -um esse	[mōtum īrī]

Imperative

Present	Active	Passive
Singular	2 movē	movēre
Plural	2 movēte	movēminī

[Future	Active	Passive
Singular	2 movētō	movētor
	3 movētō	movētor
Plural	2 movētōte	
	3 moventō	moventor]

Third Conjugation

Principal Parts: **regō, regere, rēxī, rēctus**

	Indicative			Subjunctive	

Present

	Active	Passive		Active	Passive
			Singular		
1	regō	regor	1	regam	regar
2	regis	regeris/regere	2	regās	regāris/regāre
3	regit	regitur	3	regat	regātur
			Plural		
1	regimus	regimur	1	regāmus	regāmur
2	regitis	regiminī	2	regātis	regāminī
3	regunt	reguntur	3	regant	regantur

Imperfect

	Active	Passive		Active	Passive
			Singular		
1	regēbam	regēbar	1	regerem	regerer
2	regēbās	regēbāris/regēbāre	2	regerēs	regerēris/regerēre
3	regēbat	regēbātur	3	regeret	regerētur
			Plural		
1	regēbāmus	regēbāmur	1	regerēmus	regerēmur
2	regēbātis	regēbāminī	2	regerētis	regerēminī
3	regēbant	regēbantur	3	regerent	regerentur

Future

	Active	Passive
		Singular
1	regam	regar
2	regēs	regēris/regēre
3	reget	regētur
		Plural
1	regēmus	regēmur
2	regētis	regēminī
3	regent	regentur

Perfect

	Active	Passive		Active	Passive
			Singular		
1	rēxī	rēctus, -a, -um sum	1	rēxerim	rēctus, -a, -um sim
2	rēxistī	rēctus, -a, -um es	2	rēxeris	rēctus, -a, -um sīs
3	rēxit	rēctus, -a, -um est	3	rēxerit	rēctus, -a, -um sit
			Plural		
1	rēximus	rēctī, -ae, -a sumus	1	rēxerimus	rēctī, -ae, -a sīmus
2	rēxistis	rēctī, -ae, -a estis	2	rēxeritis	rēctī, -ae, -a sītis
3	rēxērunt/rēxēre	rēctī, -ae, -a sunt	3	rēxerint	rēctī, -ae, -a sint

	Indicative		Subjunctive	

Pluperfect

	Active	Passive		Active	Passive
			Singular		
1	rēxeram	rēctus, -a, -um eram	1	rēxissem	rēctus, -a, -um essem
2	rēxerās	rēctus, -a, -um erās	2	rēxissēs	rēctus, -a, -um essēs
3	rēxerat	rēctus, -a, -um erat	3	rēxisset	rēctus, -a, -um esset
			Plural		
1	rēxerāmus	rēctī, -ae, -a erāmus	1	rēxissēmus	rēctī, -ae, -a essēmus
2	rēxerātis	rēctī, -ae, -a erātis	2	rēxissētis	rēctī, -ae, -a essētis
3	rēxerant	rēctī, -ae, -a erant	3	rēxissent	rēctī, -ae, -a essent

Future Perfect

	Active	Passive
		Singular
1	rēxerō	rēctus, -a, -um erō
2	rēxeris	rēctus, -a, -um eris
3	rēxerit	rēctus, -a, -um erit
		Plural
1	rēxerimus	rēctī, -ae, -a erimus
2	rēxeritis	rēctī, -ae, -a eritis
3	rēxerint	rēctī, -ae, -a erunt

Participle

	Active	Passive
Present	regēns, regentis	
Perfect		rēctus, -a, -um
Future	rēctūrus, -a, -um	regendus, -a, -um

Infinitive

	Active	Passive
Present	regere	regī
Perfect	rēxisse	rēctus, -a, -um esse
Future	rēctūrus, -a, -um esse	[rēctum īrī]

Imperative

Present		Active	Passive
Singular	2	rege	regere
Plural	2	regite	regiminī

[Future		Active	Passive
Singular	2	regitō	regitor
	3	regitō	regitor
Plural	2	regitōte	
	3	reguntō	reguntor]

Third i-stem Conjugation

Principal Parts: **capiō, capere, cēpī, captus**

Indicative			Subjunctive	

Present

Active	Passive		Active	Passive
		Singular		
1 capiō	capior		1 capiam	capiar
2 capis	caperis/capere		2 capiās	capiāris/capiāre
3 capit	capitur		3 capiat	capiātur
		Plural		
1 capimus	capimur		1 capiāmus	capiāmur
2 capitis	capiminī		2 capiātis	capiāminī
3 capiunt	capiuntur		3 capiant	capiantur

Imperfect

Active	Passive		Active	Passive
		Singular		
1 capiēbam	capiēbar		1 caperem	caperer
2 capiēbās	capiēbāris/capiēbāre		2 caperēs	caperēris/caperēre
3 capiēbat	capiēbātur		3 caperet	caperētur
		Plural		
1 capiēbāmus	capiēbāmur		1 caperēmus	caperēmur
2 capiēbātis	capiēbāminī		2 caperētis	caperēminī
3 capiēbant	capiēbantur		3 caperent	caperentur

Future

Active	Passive
	Singular
1 capiam	capiar
2 capiēs	capiēris/capiēre
3 capiet	capiētur
	Plural
1 capiēmus	capiēmur
2 capiētis	capiēminī
3 capient	capientur

Perfect

Active	Passive		Active	Passive
		Singular		
1 cēpī	captus, -a, -um sum		1 cēperim	captus, -a, -um sim
2 cēpistī	captus, -a, -um es		2 cēperis	captus, -a, -um sīs
3 cēpit	captus, -a, -um est		3 cēperit	captus, -a, -um sit
		Plural		
1 cēpimus	captī, -ae, -a sumus		1 cēperimus	captī, -ae, -a sīmus
2 cēpistis	captī, -ae, -a estis		2 cēperitis	captī, -ae, -a sītis
3 cēpērunt/cēpēre	captī, -ae, -a sunt		3 cēperint	captī, -ae, -a sint

| | Indicative | | Subjunctive |

Pluperfect

Active	Passive	Active	Passive
		Singular	
1 cēperam	captus, -a, -um eram	1 cēpissem	captus, -a, -um essem
2 cēperās	captus, -a, -um erās	2 cēpissēs	captus, -a, -um essēs
3 cēperat	captus, -a, -um erat	3 cēpisset	captus, -a, -um esset
		Plural	
1 cēperāmus	captī, -ae, -a erāmus	1 cēpissēmus	captī, -ae, -a essēmus
2 cēperātis	captī, -ae, -a erātis	2 cēpissētis	captī, -ae, -a essētis
3 cēperant	captī, -ae, -a erant	3 cēpissent	captī, -ae, -a essent

Future Perfect

Active	Passive
	Singular
1 cēperō	captus, -a, -um erō
2 cēperis	captus, -a, -um eris
3 cēperit	captus, -a, -um erit
	Plural
1 cēperimus	captī, -ae, -a erimus
2 cēperitis	captī, -ae, -a eritis
3 cēperint	captī, -ae, -a erunt

Participle

	Active	Passive
Present	capiēns, capientis	
Perfect		captus, -a, -um
Future	captūrus, -a, -um	capiendus, -a, -um

Infinitive

	Active	Passive
Present	capere	capī
Perfect	cēpisse	captus, -a, -um esse
Future	captūrus, -a, -um esse	[captum īrī]

Imperative

Present	Active	Passive
Singular	2 cape	capere
Plural	2 capite	capiminī

[Future	Active	Passive
Singular	2 capitō	capitor
	3 capitō	capitor
Plural	2 capitōte	
	3 capiuntō	capiuntor]

Fourth Conjugation

Principal Parts: **audiō, audīre, audīvī, audītus**

	Indicative		**Subjunctive**

Present

	Active	Passive		Active	Passive
		Singular			
1	audiō	audior	1	audiam	audiar
2	audīs	audīris/audīre	2	audiās	audiāris/audiāre
3	audit	audītur	3	audiat	audiātur
		Plural			
1	audīmus	audīmur	1	audiāmus	audiāmur
2	audītis	audīminī	2	audiātis	audiāminī
3	audiunt	audiuntur	3	audiant	audiantur

Imperfect

	Active	Passive		Active	Passive
		Singular			
1	audiēbam	audiēbar	1	audīrem	audīrer
2	audiēbās	audiēbāris/audiēbāre	2	audīrēs	audīrēris/audīrēre
3	audiēbat	audiēbātur	3	audīret	audīrētur
		Plural			
1	audiēbāmus	audiēbāmur	1	audīrēmus	audīrēmur
2	audiēbātis	audiēbāminī	2	audīrētis	audīrēminī
3	audiēbant	audiēbantur	3	audīrent	audīrentur

Future

	Active	Passive
		Singular
1	audiam	audiar
2	audiēs	audiēris/audiēre
3	audiet	audiētur
		Plural
1	audiēmus	audiēmur
2	audiētis	audiēminī
3	audient	audientur

Perfect

	Active	Passive		Active	Passive
		Singular			
1	audīvī	audītus, -a, -um sum	1	audīverim	audītus, -a, -um sim
2	audīvistī	audītus, -a, -um es	2	audīveris	audītus, -a, -um sīs
3	audīvit	audītus, -a, -um est	3	audīverit	audītus, -a, -um sit
		Plural			
1	audīvimus	audītī, -ae, -a sumus	1	audīverimus	audītī, -ae, -a sīmus
2	audīvistis	audītī, -ae, -a estis	2	audīveritis	audītī, -ae, -a sītis
3	audīvērunt/audīvēre	audītī, -ae, -a sunt	3	audīverint	audītī, -ae, -a sint

	Indicative			Subjunctive

Pluperfect

Active	Passive	Active	Passive

Singular

1 audīveram	audītus, -a, -um eram	1 audīvissem	audītus, -a, -um essem
2 audīverās	audītus, -a, -um erās	2 audīvissēs	audītus, -a, -um essēs
3 audīverat	audītus, -a, -um erat	3 audīvisset	audītus, -a, -um esset

Plural

1 audīverāmus	audītī, -ae, -a erāmus	1 audīvissēmus	audītī, -ae, -a essēmus
2 audīverātis	audītī, -ae, -a erātis	2 audīvissētis	audītī, -ae, -a essētis
3 audīverant	audītī, -ae, -a erant	3 audīvissent	audītī, -ae, -a essent

Future Perfect

Active	Passive

Singular

1 audīverō	audītus, -a, -um erō
2 audīveris	audītus, -a, -um eris
3 audīverit	audītus, -a, -um erit

Plural

1 audīverimus	audītī, -ae, -a erimus
2 audīveritis	audītī, -ae, -a eritis
3 audīverint	audītī, -ae, -a erunt

Participle

	Active	Passive
Present	audiēns, audientis	
Perfect		audītus, -a, -um
Future	audītūrus, -a, -um	audiendus, -a, -um

Infinitive

	Active	Passive
Present	audīre	audīrī
Perfect	audīvisse	audītus, -a, -um esse
Future	audītūrus, -a, -um esse	[audītum īrī]

Imperative

Present	Active	Passive
Singular	2 audī	audīre
Plural	2 audīte	audīminī

[Future	Active	Passive
Singular	2 audītō	audītor
	3 audītō	audītor
Plural	2 audītōte	
	3 audiuntō	audiuntor]

Irregular Verbs

Principal Parts: **sum, esse, fuī, futūrus**

	Indicative Active			Subjunctive Active	
Present	*Imperfect*	*Future*	*Present*	*Imperfect*	

Singular

1 sum	eram	erō	sim	essem
2 es	erās	eris	sīs	essēs
3 est	erat	erit	sit	esset

Plural

1 sumus	erāmus	erimus	sīmus	essēmus
2 estis	erātis	eritis	sītis	essētis
3 sunt	erant	erunt	sint	essent

Perfect	*Pluperfect*	*Future Perfect*	*Perfect*	*Pluperfect*

Singular

1 fuī	fueram	fuerō	fuerim	fuissem
2 fuistī	fuerās	fueris	fueris	fuissēs
3 fuit	fuerat	fuerit	fuerit	fuisset

Plural

1 fuimus	fuerāmus	fuerimus	fuerimus	fuissēmus
2 fuistis	fuerātis	fueritis	fueritis	fuissētis
3 fuērunt/fuēre	fuerant	fuerint	fuerint	fuissent

Participle

	Active
Future	**futūrus, -a, -um**

Infinitive

	Active
Present	**esse**
Perfect	**fuisse**
Future	**futūrus, -a, -um esse** or **fore**

[Imperative	*Present Active*	*Future Active*		
Singular	2 **es**	2 **estō**	3 **estō**
Plural	2 **este**	2 **estōte**	3 **suntō**]

Principal Parts: **possum, posse, potuī, ——**

	Indicative Active			Subjunctive Active	
	Present	*Imperfect*	*Future*	*Present*	*Imperfect*
			Singular		
1	possum	poteram	poterō	possim	possem
2	potes	poterās	poteris	possīs	possēs
3	potest	poterat	poterit	possit	posset
			Plural		
1	possumus	poterāmus	poterimus	possīmus	possēmus
2	potestis	poterātis	poteritis	possītis	possētis
3	possunt	poterant	poterunt	possint	possent
	Perfect	*Pluperfect*	*Future Perfect*	*Perfect*	*Pluperfect*
			Singular		
1	potuī	potueram	potuerō	potuerim	potuissem
2	potuistī	potuerās	potueris	potueris	potuissēs
3	potuit	potuerat	potuerit	potuerit	potuisset
			Plural		
1	potuimus	potuerāmus	potuerimus	potuerimus	potuissēmus
2	potuistis	potuerātis	potueritis	potueritis	potuissētis
3	potuērunt/ potuēre	potuerant	potuerint	potuerint	potuissent

Infinitive:

	Active
Present	posse
Perfect	potuisse

Principal Parts: **eō, īre, iī/īvī, itum**

	Indicative Active			Subjunctive Active	
	Present	*Imperfect*	*Future*	*Present*	*Imperfect*
			Singular		
1	eō	ībam	ībō	eam	īrem
2	īs	ībās	ībis	eās	īrēs
3	it	ībat	ībit	eat	īret
			Plural		
1	īmus	ībāmus	ībimus	eāmus	īrēmus
2	ītis	ībātis	ībitis	eātis	īrētis
3	eunt	ībant	ībunt	eant	īrent
	Perfect	*Pluperfect*	*Future Perfect*	*Perfect*	*Pluperfect*
			Singular		
1	iī/īvī	ieram/īveram	ierō/īverō	ierim/īverim	īssem/īvissem
2	īstī/īvistī	ierās/īverās	ieris/īveris	ieris/īveris	īssēs/īvissēs
3	iit/īt/īvit	ierat/īverat	ierit/īverit	ierit/īverit	īsset/īvisset
			Plural		
1	iimus/īmus/ īvimus	ierāmus/īverāmus	ierimus/īverimus	ierimus/īverimus	īssēmus/īvissēmus
2	īstis/īvistis	ierātis/īverātis	ieritis/īveritis	ieritis/īveritis	īssētis/īvissētis
3	iērunt/iēre/ īvērunt/īvēre	ierant/īverant	ierint/īverint	ierint/īverint	īssent/īvissent

Participle

	Active	Passive
Present	**iēns, euntis**	
Perfect		**itum**
Future	**itūrus, -a, -um**	**eundum**

Infinitive

	Active	Passive
Present	**īre**	**[īrī]**
Perfect	**īsse/īvisse**	**itum esse**
Future	**itūrus, -a, -um esse**	

Imperative	*Present Active*	*[Future Active*	
Singular	2 **ī**	2 **ītō**	3 **ītō**
Plural	2 **īte**	2 **ītōte**	3 **euntō]**

Principal Parts: **ferō, ferre, tulī, lātus**

	Indicative		**Subjunctive**	

Present

	Active	Passive		Active	Passive
			Singular		
1	**ferō**	**feror**	1	**feram**	**ferar**
2	**fers**	**ferris/ferre**	2	**ferās**	**ferāris/ferāre**
3	**fert**	**fertur**	3	**ferat**	**ferātur**
			Plural		
1	**ferimus**	**ferimur**	1	**ferāmus**	**ferāmur**
2	**fertis**	**feriminī**	2	**ferātis**	**ferāminī**
3	**ferunt**	**feruntur**	3	**ferant**	**ferantur**

Imperfect

	Active	Passive		Active	Passive
			Singular		
1	**ferēbam**	**ferēbar**	1	**ferrem**	**ferrer**
2	**ferēbās**	**ferēbāris/ferēbāre**	2	**ferrēs**	**ferrēris/ferrēre**
3	**ferēbat**	**ferēbātur**	3	**ferret**	**ferrētur**
			Plural		
1	**ferēbāmus**	**ferēbāmur**	1	**ferrēmus**	**ferrēmur**
2	**ferēbātis**	**ferēbāminī**	2	**ferrētis**	**ferrēminī**
3	**ferēbant**	**ferēbantur**	3	**ferrent**	**ferrentur**

Future

	Active	Passive
	Singular	
1	**feram**	**ferar**
2	**ferēs**	**ferēris/ferēre**
3	**feret**	**ferētur**
	Plural	
1	**ferēmus**	**ferēmur**
2	**ferētis**	**ferēminī**
3	**ferent**	**ferentur**

	Indicative		Subjunctive

Perfect

Active	Passive	Active	Passive
		Singular	
1 tulī	lātus, -a, -um sum	1 tulerim	lātus, -a, -um sim
2 tulistī	lātus, -a, -um es	2 tuleris	lātus, -a, -um sīs
3 tulit	lātus, -a, -um est	3 tulerit	lātus, -a, -um sit
		Plural	
1 tulimus	lātī, -ae, -a sumus	1 tulerimus	lātī, -ae, -a sīmus
2 tulistis	lātī, -ae, -a estis	2 tuleritis	lātī, -ae, -a sītis
3 tulērunt/tulēre	lātī, -ae, -a sunt	3 tulerint	lātī, -ae, -a sint

Pluperfect

Active	Passive	Active	Passive
		Singular	
1 tuleram	lātus, -a, -um eram	1 tulissem	lātus, -a, -um essem
2 tulerās	lātus, -a, -um erās	2 tulissēs	lātus, -a, -um essēs
3 tulerat	lātus, -a, -um erat	3 tulisset	lātus, -a, -um esset
		Plural	
1 tulerāmus	lātī, -ae, -a erāmus	1 tulissēmus	lātī, -ae, -a essēmus
2 tulerātis	lātī, -ae, -a erātis	2 tulissētis	lātī, -ae, -a essētis
3 tulerant	lātī, -ae, -a erant	3 tulissent	lātī, -ae, -a essent

Future Perfect

Active	Passive
	Singular
1 tulerō	lātus, -a, -um erō
2 tuleris	lātus, -a, -um eris
3 tulerit	lātus, -a, -um erit
	Plural
1 tulerimus	lātī, -ae, -a erimus
2 tuleritis	lātī, -ae, -a eritis
3 tulerint	lātī, -ae, -a erunt

Participle

	Active	Passive
Present	**ferēns, ferentis**	
Perfect		**lātus, -a, -um**
Future	**lātūrus, -a, -um**	**ferendus, -a, -um**

Infinitive

	Active	Passive
Present	**ferre**	**ferrī**
Perfect	**tulisse**	**lātus, -a, -um esse**
Future	**lātūrus, -a, -um esse**	**[lātum īrī]**

Imperative

Present	Active	Passive
Singular	2 **fer**	**ferre**
Plural	2 **ferte**	**feriminī**

[Future	Active	Passive
Singular	2 **fertō**	**fertor**
	3 **fertō**	**fertor**
Plural	2 **fertōte**	
	3 **feruntō**	**feruntur]**

Principal Parts: volō, velle, voluī, ——
                    nōlō, nōlle, nōluī, ——
                    mālō, mālle, māluī, ——

Indicative Active			Subjunctive Active		

Present

Singular

1 volō	nōlō	mālō	velim	nōlim	mālim
2 vīs	nōn vīs	māvīs	velīs	nōlīs	mālīs
3 vult	nōn vult	māvult	velit	nōlit	mālit

Plural

1 volumus	nōlumus	mālumus	velīmus	nōlīmus	mālīmus
2 vultis	nōn vultis	māvultis	velītis	nōlītis	mālītis
3 volunt	nōlunt	mālunt	velint	nōlint	mālint

Imperfect

Singular

1 volēbam	nōlēbam	mālēbam	vellem	nōllem	māllem
2 volēbās	nōlēbās	mālēbās	vellēs	nōllēs	māllēs
3 volēbat	nōlēbat	mālēbat	vellet	nōllet	māllet

Plural

1 volēbāmus	nōlēbāmus	mālēbāmus	vellēmus	nōllēmus	māllēmus
2 volēbātis	nōlēbātis	mālēbātis	vellētis	nōllētis	māllētis
3 volēbant	nōlēbant	mālēbant	vellent	nōllent	māllent

Future

Singular

1 volam	*nōlam	*mālam
2 volēs	nōlēs	mālēs
3 volet	nōlet	mālet

Plural

1 volēmus	nōlēmus	mālēmus
2 volētis	nōlētis	mālētis
3 volent	nōlent	mālent

Perfect

Singular

1 voluī	nōluī	māluī	voluerim	nōluerim	māluerim
2 voluistī	nōluistī	māluistī	volueris	nōlueris	mālueris
3 voluit	nōluit	māluit	voluerit	nōluerit	māluerit

Plural

1 voluimus	nōluimus	māluimus	voluerimus	nōluerimus	māluerimus
2 voluistis	nōluistis	māluistis	volueritis	nōlueritis	mālueritis
3 voluērunt/	nōluērunt/	māluērunt/	voluerint	nōluerint	māluerint
voluēre	nōluēre	māluēre			

Pluperfect

Singular

1 volueram	nōlueram	mālueram	voluissem	nōluissem	māluissem
2 voluerās	nōluerās	māluerās	voluissēs	nōluissēs	māluissēs
3 voluerat	nōluerat	māluerat	voluisset	nōluisset	māluisset

Plural

1 voluerāmus	nōluerāmus	māluerāmus	voluissēmus	nōluissēmus	māluissēmus
2 voluerātis	nōluerātis	māluerātis	voluissētis	nōluissētis	māluissētis
3 voluerant	nōluerant	māluerant	voluissent	nōluissent	māluissent

Indicative Active

Future Perfect

Singular

1 voluerō	nōluerō	māluerō
2 volueris	nōlueris	mālueris
3 voluerit	nōluerit	māluerit

Plural

1 voluerimus	nōluerimus	māluerimus
2 volueritis	nōlueritis	mālueritis
3 voluerint	nōluerint	māluerint

Participle   Present Active: **volēns, volentis; nōlēns, nōlentis**

Infinitive   Present Active: **velle, nōlle, mālle**
Perfect Active: **voluisse, nōluisse, māluisse**

Imperative   Present Active: **nōlī** (2nd sing.), **nōlīte** (2nd pl.)

Principal Parts: **fīō, fierī, factus sum**

	Indicative Active			Subjunctive Active	
Present	*Imperfect*	*Future*		*Present*	*Imperfect*
			Singular		
1 fīō	fīēbam	fīam		fīam	fierem
2 fīs	fīēbās	fīēs		fīās	fierēs
3 fit	fīēbat	fīet		fīat	fieret
			Plural		
1 fīmus	fīēbāmus	fīēmus		fīāmus	fierēmus
2 fītis	fīēbātis	fīētis		fīātis	fierētis
3 fīunt	fīēbant	fīent		fīant	fierent

Infinitive   Present Active: **fierī**

Imperative   Present Active: **fī** (2nd sing.), **fīte** (2nd pl.)

LATIN TO ENGLISH VOCABULARY

This Latin to English Vocabulary includes all words from vocabulary lists in *Learn to Read Latin*. Numbers in parentheses refer to the chapter (e.g., 6) or section (e.g., §16) in which the vocabulary word is introduced. Some additional meanings given in vocabulary notes are included.

ā, ab (prep. + abl.) (away) from (1); (prep. + abl.) by (3)

A. = Aulus, Aulī *m.* Aulus (§16)

abeō, abīre, abiī, abitum go away (5)

absēns, absentis absent (14)

absum, abesse, āfuī, āfutūrus be absent, be distant (14)

ac or **atque** (conj.) and (also) (3)

accēdō, accēdere, accessī, accessum go to, come to, approach (5)

accidō, accidere, accidī, —— happen (14)

accipiō, accipere, accēpī, acceptus receive; accept; hear (of), learn (of) (5)

ācer, ācris, ācre sharp, keen; fierce (6)

acerbus, -a, -um bitter; harsh (7)

aciēs, aciēī *f.* sharp edge; keenness; battle line (9)

ad (prep. + acc.) toward, to (1); (prep. + acc.) for the purpose of (13)

adeō (adv.) to such an extent, to so great an extent, (so) very (14)

adsum, adesse, adfuī, adfutūrus be present, be near (14)

Aenēās, Aenēae *m.* Aeneas; **Aenēān** = *acc. sing.;* **Aenēā** = *voc. sing.* (§16)

aequus, -a, -um level, even; equitable, just; calm, tranquil (10)

aestimō (1-tr.) estimate, value (13)

aetās, aetātis *f.* age; lifetime; time (14)

ager, agrī *m.* field (1)

agmen, agminis *n.* line (of march), column; army; multitude, throng (14)

agō, agere, ēgī, āctus drive; do; spend, conduct (4)
    causam agere (idiom) to plead a case (4)
    grātiās agere (idiom) to give thanks (12)

age, agite, *used to strengthen other commands,* come on! (4)

agricola, agricolae *m.* farmer (1)

aliquī, aliqua, aliquod (indef. adj.) some, any (14)

aliquis, aliquid (indef. pron.) someone, something; anyone, anything (14)

aliter (adv.) otherwise, in another way (9)

alius, alia, aliud other, another (9)

alter, altera, alterum the other (of two) (9)

altum, altī *n.* deep sea; height (4)

altus, -a, -um tall, high; deep (4)

ambulō (1-intr.) walk (2)

amīcitia, amīcitiae *f.* friendship (5)

amīcus, -a, -um friendly (+ dat.) (3)

amīcus, amīcī *m.* friend (3)

amō (1-tr.) love (2)

amor, amōris *m.* love; *pl.,* feelings of love (6)

Amor, Amōris *m.* Love, Amor (§63)

an (conj.) *introduces an alternative question,* or; *introduces an indirect question,* whether (12)
    —— . . . **an** . . . whether . . . or . . . (12)

anima, animae *f.* life force; soul (1)

animal, animālis, -ium *n.* animal (6)

animus, animī *m.* (rational) soul, mind; spirit; *pl.,* strong feelings (2)

annus, annī *m.* year (9)

ante (adv.) before, earlier, previously; (prep. + acc.) before; in front of (7)

antequam (conj.) before (13)

antīquus, -a, -um old, ancient (7)

M. Antōnius, M. Antōniī *m.* Marcus Antonius, Marc Antony (§16)

Apollō, Apollinis *m.* Apollo (§63)
App. = Appius, Appiī *m.* Appius (§16)
Appius, Appiī *m.* Appius (§16)
apud (prep. + acc.) at the house of, in the presence of, among (10)
āra, ārae *f.* altar (7)
arbitror (1-tr.) judge, consider, think (11)
arma, armōrum *n. pl.* arms, weapons (2)
ars, artis, -ium *f.* skill, art; guile; trick (7)
Athēnae, Athēnārum *f. pl.* Athens (6)
atque or **ac** (conj.) and (also) (3)
auctōritās, auctōritātis *f.* authority; influence (14)
audācia, audāciae *f.* boldness; recklessness, audacity (11)
audacter or **audāciter** (adv.) boldly; recklessly (8)
audāx, audācis daring, bold; reckless (8)
audeō, audēre, ausus sum dare (8)
audiō, audīre, audīvī, audītus hear, listen (to) (4)
auferō, auferre, abstulī, ablātus carry away, take away, remove (7)
Augustus, Augustī *m.* Augustus (§63)
Aulus, Aulī *m.* Aulus (§16)
aurum, aurī *n.* gold (1)
aut (conj.) or; **aut . . . aut . . .** either . . . or . . . (7)
autem (postpositive conj.) however; moreover (6)
auxilia, auxiliōrum *n. pl.* auxiliary troops (4)
auxilium, auxiliī *n.* aid, help (4)

Bacchus, Bacchī *m.* Bacchus (§63)
bellum, bellī *n.* war (1)
  bellum gerere (idiom) to wage war (4)
bene (adv.) well (5)
  bene velle (idiom) to wish well (12)
bonus, -a, -um good (3)
brevis, breve short, brief (11)

C. = Gaius, Gaiī *m.* Gaius (§16)
cadō, cadere, cecidī, cāsūrus fall; die (10)
caecus, -a, -um blind; hidden, secret, dark (8)
caelum, caelī *n.* sky, heaven (4)
Caesar, Caesaris *m.* Caesar (§63)
campus, campī *m.* (flat) plain (11)
canō, canere, cecinī, cantus sing (of) (4)
capiō, capere, cēpī, captus take (up), capture; win (4)
  cōnsilium capere (idiom) to form a plan (4)
caput, capitis *n.* head (15)
careō, carēre, caruī, caritūrus lack, be without, be free (from) (+ abl.) (6)
carmen, carminis *n.* song, poem (6)
Carthāgō, Carthāginis *f.* Carthage (6)
cārus, -a, -um precious; dear (to) (+ dat.) (7)
castra, castrōrum *n. pl.* (military) camp (11)
  castra movēre (idiom) to break camp (11)
  castra pōnere (idiom) to pitch *or* make camp (11)

cāsus, cāsūs *m.* fall; occurrence, chance, misfortune (10)
Catilīna, Catilīnae *m.* Catiline (§16)
Catō, Catōnis *m.* Cato (§63)
Catullus, Catullī *m.* Catullus (§16)
causā (+ *preceding* gen.) for the purpose of, for the sake of (13)
causa, causae *f.* reason, cause; case (4)
  causam agere (idiom) to plead a case (4)
cēdō, cēdere, cessī, cessum go, move; yield; withdraw (5)
celer, celeris, celere swift (15)
centēsimus, -a, -um hundredth (§93)
centum (indeclinable adj.) hundred (§93)
Cerēs, Cereris *f.* Ceres (§63)
certē (adv.) surely, certainly; at least (7)
certus, -a, -um sure, certain, reliable (7)
cēterus, -a, -um rest (of), remaining part (of), (the) other (13)
Cicerō, Cicerōnis *m.* Cicero (§63)
cingō, cingere, cīnxī, cīnctus surround; gird (on oneself) (15)
circumdō, circumdare, circumdedī, circumdatus place round; surround (15)
cīvis, cīvis, -ium *m.* or *f.* citizen (6)
cīvitās, cīvitātis *f.* state, citizenry; citizenship (7)
clārus, -a, -um bright, clear; famous (4)
Cn. = Gnaeus, Gnaeī *m.* Gnaeus (§16)
———, ———, coepī, coeptus (defective verb) began, have begun (13)
cōgitō (1-tr.) think; ponder (2)
cognōscō, cognōscere, cognōvī, cognitus come to know, learn, recognize; *perfect,* know (10)
cōnferō, cōnferre, contulī, collātus bring together; compare; direct (14)
  sē cōnferre (idiom) to betake oneself, to go (14)
cōnficiō, cōnficere, cōnfēcī, cōnfectus accomplish, complete; wear out; kill (12)
cōnor (1-tr.) try, attempt (8)
cōnsilium, cōnsiliī *n.* deliberation; plan, advice; judgment (1)
  cōnsilium capere (idiom) to form a plan (4)
cōnstituō, cōnstituere, cōnstituī, cōnstitūtus set up, establish; decide (15)
cōnsul, cōnsulis *m.* consul (8)
cōnsulātus, cōnsulātūs *m.* consulship (9)
contrā (adv.) on the contrary; in opposition, in turn; (prep. + acc.) against, contrary to; facing (10)
cōpia, cōpiae *f.* wealth, abundance; *pl.,* troops, forces (7)
Corinna, Corinnae *f.* Corinna (§63)
L. Cornēlius Sulla, L. Cornēliī Sullae *m.* Lucius Cornelius Sulla (§16)
corpus, corporis *n.* body (6)

crēdō, crēdere, crēdidī, crēditus trust, believe (+ dat.)
(11)

cum (prep. + abl.) with (1); (conj.) when; since;
although (12)

cūnctus, -a, -um all (14)

Cupīdō, Cupīdinis *m.* Cupid, Amor (§63)

cupidus, -a, -um desirous (+ gen.) (4)

cupiō, cupere, cupiī/cupīvī, cupītus desire, long for,
want (7)

cūr (interrog. adv.) why (2)

cūra, cūrae *f.* care, concern; anxiety (2)

Cynthia, Cynthiae *f.* Cynthia (§63)

D. = Decimus, Decimī *m.* Decimus (§16)

dē (prep. + abl.) (down) from; about, concerning (1)

dea, deae *f.* goddess (1)

dēbeō, dēbēre, dēbuī, dēbitus owe; ought (2)

decem (indeclinable adj.) ten (4)

decimus, -a, -um tenth (§93)

Decimus, Decimī *m.* Decimus (§16)

dēleō, dēlēre, dēlēvī, dēlētus destroy (10)

dēterreō, dēterrēre, dēterruī, dēterritus deter,
prevent (15)

deus, deī *m.* god (1)

Diāna, Diānae *f.* Diana (§63)

dīcō, dīcere, dīxī, dictus say, speak, tell (4)

dictum, dictī *n.* word; saying (6)

diēs, diēī *m.* or *f.* day (9)

differō, differre, distulī, dīlātus *intr.,* differ, be
different; *tr.,* carry in different directions (7)

difficilis, difficile difficult (6)

difficiliter or difficulter (adv.) with difficulty (6)

dignus, -a, -um worthy (of) (+ abl.) (12)

dīligentia, dīligentiae *f.* diligence (3)

Dīs, Dītis *m.* Dis, Pluto, Hades (§63)

discēdō, discēdere, discessī, discessum go away,
depart (5)

dissimilis, dissimile dissimilar, unlike, different
(+ gen. *or* dat.) (11)

diū (adv.) for a long time (11)

diūtius (adv.) longer (11)

diūtissimē (adv.) longest (11)

dīvīnus, -a, -um belonging to the gods, divine
(§63)

dīvus, -a, -um deified, divine (§63)

dō, dare, dedī, datus give, grant (2)

poenās dare (idiom) to pay the penalty (2)

vēla dare (idiom) to set sail (2)

dominus, dominī *m.* master, lord (1)

domus, domī *f.* house, home (6)

domus, domūs *f.* house, home (9)

dōnec (conj.) while, as long as; until (13)

dōnō (1-tr.) give; present, reward (2)

dōnum, dōnī *n.* gift (1)

dubitō (1-tr.) hesitate; doubt (12)

dubium, dubiī *n.* doubt, hesitation (12)

dubius, -a, -um doubtful (12)

dūcō, dūcere, dūxī, ductus lead; consider (4)

dulcis, dulce sweet, pleasant (15)

dum (conj.) while, as long as; until; provided that
(13)

dummodo (conj.) provided that (13)

duo, duae, duo two (§93)

dūrus, -a, -um hard; harsh (5)

dux, ducis *m.* or *f.* leader (10)

ē, ex (prep. + abl.) (out) from (1)

ecce (interj.) lo! behold! look! (§74)

efficiō, efficere, effēcī, effectus make; bring about
(14)

ego, meī (personal pron.) I; me (4)

—, meī (reflexive pron.) myself (5)

ēgredior, ēgredī, ēgressus sum go out, come out
(13)

ēiciō, ēicere, ēiēcī, ēiectus throw out, expel

sē ēicere (idiom) to rush forth (11)

emō, emere, ēmī, ēmptus buy (13)

enim (postpositive conj.) in fact, indeed; for (2)

eō (adv.) to that place, thither (§131)

eō, īre, iī/īvī, itum go (3)

eōdem (adv.) to the same place (§131)

equidem (adv.) indeed, certainly; for my part (4)

ēripiō, ēripere, ēripuī, ēreptus tear away, snatch
away (15)

errō (1-intr.) wander; err, make a mistake (2)

et (conj.) and; et . . . et . . . both . . . and . . . ;
(adv.) even, also (1)

etenim (conj.) and indeed; for in fact (2)

etiam (adv.) also, even; still (7)

etsī (conj.) although (5)

exercitus, exercitūs *m.* army (9)

experior, experīrī, expertus sum test; try; experience
(8)

ex(s)ilium, ex(s)iliī *n.* exile, banishment (8)

ex(s)pectō (1-tr.) wait for, await, expect (13)

facile (adv.) easily; readily (6)

facilis, facile easy (6)

faciō, facere, fēcī, factus make; do (4); reckon (13)

factum, factī *n.* deed (1)

falsus, -a, -um deceptive, false (7)

fāma, fāmae *f.* report, rumor; reputation, fame (1)

fās (indeclinable noun) *n.* (what is divinely) right;
(what is) permitted (12)

fateor, fatērī, fassus sum confess, admit (8)

fātum, fātī *n.* destiny, fate (5)

fēlīx, fēlīcis lucky, fortunate, happy (6)

fēmina, fēminae *f.* woman; wife (1)

ferō, ferre, tulī, lātus bring, bear, carry; endure; say, report (5)
   lēgem ferre (idiom) to pass a law (8)
   sē ferre (idiom) to proceed (quickly) (5)
ferrum, ferrī *n.* iron; sword (1)
fidēs, fideī *f.* faith, trust; trustworthiness; loyalty (9)
fīlia, fīliae *f.* daughter (1)
fīlius, fīliī *m.* son (1)
fīnis, fīnis, -ium *m.* or *f.* end, limit, boundary; *pl.,* territory (10)
fīō, fierī, factus sum become, happen; be made, be done (13)
for (1-tr.) speak, say (15)
fore = futūrus, -a, -um esse (11)
fors, fortis, -ium *f.* chance, luck (12)
fortis, forte brave; strong (6)
fortūna, fortūnae *f.* fortune, chance (7)
forum, forī *n.* public square, marketplace, forum (3)
frāter, frātris *m.* brother (7)
fuga, fugae *f.* flight (8)
fugiō, fugere, fūgī, fugitūrus flee (7)

Gaius, Gaiī *m.* Gaius (§16)
gaudium, gaudiī *n.* joy (8)
gēns, gentis, -ium *f.* nation, people; clan, family (12)
genus, generis *n.* descent, origin; race, stock; kind, sort (10)
gerō, gerere, gessī, gestus bear; manage, conduct; perform (4)
   bellum gerere (idiom) to wage war (4)
gladius, gladiī *m.* sword (1)
glōria, glōriae *f.* renown, glory (4)
Gnaeus, Gnaeī *m.* Gnaeus (§16)
Gracchus, Gracchī *m.* Gracchus (either of the Gracchi brothers) (§16)
gradior, gradī, gressus sum walk, step, proceed (13)
Graecia, Graeciae *f.* Greece (§16)
grātia, grātiae *f.* favor, kindness; gratitude, thanks (12)
   grātiās agere (idiom) to give thanks (12)
   grātiam or grātiās habēre (idiom) to have gratitude (12)
   grātiā (+ *preceding* gen.) for the purpose of, for the sake of (13)
grātus, -a, -um charming, pleasing; grateful, pleased (13)
gravis, grave heavy, deep; important, serious; severe (8)

habeō, habēre, habuī, habitus have, hold; consider (2)
   grātiam or grātiās habēre (idiom) to have gratitude (12)
   ōrātiōnem habēre (idiom) to make a speech (10)
Hannibal, Hannibalis *m.* Hannibal (§63)
haud (adv.) not at all, by no means (14)
herc(u)le (interj.) by Hercules! (§74)

heu (interj.) alas! oh! (§74)
hīc (adv.) here, in this place; at this time (§131)
hic, haec, hoc (demonstr. adj./pron.) this; these (8)
hinc (adv.) from here, hence; henceforth; hinc . . . hinc . . . on this side . . . on that side . . . ; hinc . . . illinc . . . on this side . . . on that side . . . (§131)
homō, hominis *m.* human being, man (6)
honestus, -a, -um honorable, respectable (10)
honor or honōs, honōris *m.* honor, respect; (political) office (13)
Q. Horātius Flaccus, Q. Horātiī Flaccī *m.* Quintus Horatius Flaccus, Horace (§16)
hortor (1-tr.) urge, encourage, exhort (9)
hostis, hostis, -ium *m.* (public) enemy (6)
hūc (adv.) to here, hither (§131)
humilis, humile humble (11)

iaciō, iacere, iēcī, iactus throw; utter; lay, establish (11)
iam (adv.) (by) now; (by) then, already; presently (9)
ibi (adv.) in that place, there; then, thereupon (§131)
īdem, eadem, idem same (8)
igitur (postpositive conj.) therefore (11)
ignis, ignis, -ium *m.* fire (11)
Īlium, Īliī *n.* Ilium, Troy (§16)
ille, illa, illud (demonstr. adj./pron.) that; those (8)
illīc (adv.) there, in that place (§131)
illinc (adv.) from there, thence; hinc . . . illinc . . . on this side . . . on that side . . . (§131)
illūc (adv.) to there, thither (§131)
immortālis, immortāle immortal (7)
impediō, impedīre, impediī/impedīvī, impedītus hinder, impede (15)
imperātor, imperātōris *m.* commander, general (11)
imperium, imperiī *n.* power, authority, command; empire (3)
imperō (1-intr.) give an order, order, command (+ dat.) (9)
impius, -a, -um disloyal, wicked (5)
in (prep. + acc.) into, onto; against; (prep. + abl.) in, on (1)
incertus, -a, -um unsure, uncertain, unreliable (7)
incipiō, incipere, incēpī, inceptus take on, begin (13)
incola, incolae *m.* inhabitant (3)
inde (adv.) from that place, from there, thence; from that time, thereupon (§131)
indignus, -a, -um unworthy (of) (+ abl.) (12)
īnfēlīx, īnfēlīcis unlucky, unfortunate, unhappy (6)
īnferō, īnferre, intulī, illātus carry (into); inflict (on) (12)
ingenium, ingeniī *n.* nature; disposition; (natural) talent (7)
ingēns, ingentis huge, vast; remarkable (6)

ingrātus, -a, -um unpleasant, displeasing; ungrateful, displeased (13)

inimīcitia, inimīcitiae *f.* enmity, hostility; *pl.,* unfriendly relations, enmity (5)

inimīcus, -a, -um unfriendly, hostile (+ dat.) (3)

inimīcus, inimīcī *m.* (personal) enemy (3)

inīquus, -a, -um uneven; inequitable, unjust (10)

inquam (defective verb) say (8)

īnsidiae, īnsidiārum *f. pl.* ambush, plot, treachery (7)

īnsula, īnsulae *f.* island (1)

intellegō, intellegere, intellēxī, intellēctus understand (6)

inter (prep. + acc.) between, among; during (6)

interest, interesse, interfuit it is important, it concerns (15)

interficiō, interficere, interfēcī, interfectus kill (5)

inveniō, invenīre, invēnī, inventus find, discover (11)

invidia, invidiae *f.* envy, jealousy; ill-will, resentment (4)

ipse, ipsa, ipsum (intensive adj.) -self, -selves; very (5)

īra, īrae *f.* anger, wrath (2)

is, ea, id (demonstr. adj.) this, that; these, those; (personal pron.) he, she, it; they; him, her, it; them (4)

iste, ista, istud (demonstr. adj./pron.) that (of yours); those (of yours) (8)

ita (adv.) so, thus, in this way, in such a way (7)

Italia, Italiae *f.* Italy (1)

iubeō, iubēre, iussī, iussus order (2)

Iūlia, Iūliae *f.* Julia (§16)

C. Iūlius Caesar, C. Iūliī Caesaris *m.* Gaius Julius Caesar (§63)

Iūnō, Iūnōnis *f.* Juno (§63)

Iuppiter, Iovis *m.* Jupiter (§63)

iūre (adv.) rightly, justly (6)

iūs, iūris *n.* right, law; judgment; court (6)

iussum, iussī *n.* order, command; *abl. sing.,* iussū (9)

L. = Lūcius, Lūciī *m.* Lucius (§16)

labor, labōris *m.* work; effort, hardship (10)

labōrō (1-intr.) work; suffer, be distressed (2)

laetus, -a, -um happy; fertile (3)

laudō (1-tr.) praise (3)

lēgātus, lēgātī *m.* legate, envoy; lieutenant (10)

legiō, legiōnis *f.* legion (11)

legō, legere, lēgī, lēctus choose; read (6)

Lesbia, Lesbiae *f.* Lesbia (§63)

levis, leve light; trivial; fickle (8)

lēx, lēgis *f.* law (8)

   lēgem ferre (idiom) to pass a law (8)

liber, librī *m.* book (1)

līber, lībera, līberum free (3)

Līber, Līberī *m.* Liber, Bacchus (§63)

līberō (1-tr.) free (6)

lībertās, lībertātis *f.* freedom (8)

licet, licēre, licuit or licitum est it is permitted (14)

littera, litterae *f.* letter (of the alphabet); *pl.,* letter, epistle; literature (12)

Līvia, Līviae *f.* Livia (§16)

locus, locī *m.* place; loca, locōrum *n. pl.* places (8)

longē (adv.) a long way, far; by far (11)

longus, -a, -um long; far; long-standing; far-reaching (11)

loquor, loquī, locūtus sum speak, talk (11)

Lūcius, Lūciī *m.* Lucius (§16)

lūmen, lūminis *n.* light, radiance; *pl.,* eyes (13)

lūna, lūnae *f.* moon (14)

lūx, lūcis *f.* light, daylight (11)

   prīmā lūce (idiom) at dawn (11)

M. = Marcus, Marcī *m.* Marcus (§16)

M'. = Manius, Maniī, *m.* Manius (§16)

magis (adv.) more (greatly) (11)

magnopere (adv.) greatly (10)

magnus, -a, -um large, big; great (3)

   magnam partem (adverbial acc.), for a great part (13)

maior, maius (adj.) greater (11)

maiōrēs, maiōrum *m. pl.* ancestors (11)

male (adv.) badly (5)

   male velle (idiom) to wish ill (12)

mālō, mālle, māluī, —— want more, prefer (12)

malus, -a, -um bad, evil (3)

maneō, manēre, mānsī, mānsūrus remain, stay; *tr.,* await (7)

Manius, Maniī, *m.* Manius (§16)

manus, manūs *f.* hand; band, troop (9)

Marcus, Marcī *m.* Marcus (§16)

mare, maris, *-ium *n.* sea (6)

Mars, Martis *m.* Mars (§63)

māter, mātris *f.* mother (6)

maximē (adv.) most greatly; especially (11)

maximus, -a, -um greatest (11)

   maximam partem (adverbial acc.) for the greatest part, for the most part (13)

medius, -a, -um middle (of); *neut. subst.,* midst; the open (10)

mehercule or meherculēs (interj.) by Hercules! (§74)

——, meī (reflexive pron.) myself (5)

melior, melius (adj.) better (11)

melius (adv.) better (11)

meminī, meminisse (defective verb) remember (5)

memoria, memoriae *f.* memory (12)

mēns, mentis, -ium *f.* mind; intention, purpose; attitude (6)

Mercurius, Mercuriī *m.* Mercury (§63)

metuō, metuere, metuī, —— fear, dread (14)

metus, metūs *m.* fear, dread (10)

meus, -a, -um my, mine (4); my (own) (5)

mī, *masc. sing. voc. of* **meus, -a, -um** (4)

mīles, mīlitis *m.* soldier (6)

mīlle; mīlia, mīlium thousand (§93)

mīllēsimus, -a, -um thousandth (§93)

Minerva, Minervae *f.* Minerva (§63)

minimē (adv.) least; not at all (11)

minimus, -a, -um smallest (11)

minor, minus (adj.) smaller (11)

minus (adv.) less (11)

miser, misera, miserum wretched, pitiable, miserable (3)

miseret, miserēre, miseruit or **miseritum est** it moves (one) to pity (15)

mittō, mittere, mīsī, missus send (4)

modo (adv.) only, just; now, just now (12); (conj.) provided that (13)

modus, modī *m.* measure; limit; rhythm, meter; manner, way (8)

    quemadmodum (rel. or interrog. adv.) in the manner in which, as; how (8)

    quō modō (interrog. adv.) in what way, how (8)

moenia, moenium *n. pl.* (city) walls (6)

moneō, monēre, monuī, monitus warn; remind; advise (9)

mōns, montis, -ium *m.* mountain (12)

mōnstrō (1-tr.) show, point out (2)

mora, morae *f.* delay (3)

morior, morī, mortuus sum die (8)

moror (1-tr.) hinder, delay, wait (13)

mors, mortis, -ium *f.* death (7)

mortālis, mortāle mortal (7)

mōs, mōris *m.* custom, practice; *pl. (sometimes),* character (10)

mōtus, mōtūs *m.* motion, movement; disturbance (9)

moveō, movēre, mōvī, mōtus set in motion, stir (up), move (2)

mox (adv.) soon; then (3)

multum (adv.) much, a lot (5)

multus, -a, -um much, many (3)

mūnus, mūneris *n.* service, duty; gift (8)

mūrus, mūrī *m.* wall (11)

mūtō (1-tr.) change; take in exchange, give in exchange (13)

nam (conj.) for (2)

namque (conj.) for in fact (2)

nāscor, nāscī, nātus sum be born (10)

nātūra, nātūrae *f.* nature (7)

nātus, nātī *m.* son (10)

nauta, nautae *m.* sailor (1)

-ne (interrog. enclitic particle) *added to the first word of a question* (2)

    -ne ... an ... whether ... or ... (12)

nē (adv.) not (7); (conj.) *introduces negative Purpose clause,* in order that ... not (9); *introduces negative Indirect Command,* that ... not (9); (conj.) *introduces positive Fear clause,* that (15)

    nē ... quidem not ... even (4)

nec or **neque** (conj.-adv.) and not; **neque/nec ... neque/nec ...** neither ... nor ... (2)

necesse (indeclinable adj.) necessary (14)

necne (conj.) *in Indirect Question,* or not (12)

nefās (indeclinable noun) *n.* (what is divinely) forbidden, sacrilege (12)

nēmō, nēminis *m.* or *f.* no one (9)

Neptūnus, Neptūnī *m.* Neptune (§63)

neque or **nec** (conj.-adv.) and not; **neque/nec ... neque/nec ...** neither ... nor ... (2)

Nerō Claudius Caesar, Nerōnis Claudiī Caesaris *m.* Nero Claudius Caesar, Nero (§63)

nesciō, nescīre, nesciī/nescīvī, nescītus not know (11)

neuter, neutra, neutrum neither (of two) (9)

nihil or **nīl** (indeclinable noun) *n.* nothing (3)

    nihil (adverbial acc.) not at all (13)

nihilum, nihilī or **nīlum, nīlī** *n.* nothing (13)

nisi (conj.) if ... not, unless (5)

nōlō, nōlle, nōluī, —— be unwilling, not want, not wish (12)

    nōlī, nōlīte (+ inf.) do not (12)

nōmen, nōminis *n.* name (14)

nōn (adv.) not (2)

nōn sōlum ... sed/vērum etiam ... not only ... but also ... (7)

nōnne (interrog. particle) *introduces a direct question expecting the answer "yes"* (12)

nōnus, -a, -um ninth (§93)

nōs, nostrum/nostrī (personal pron.) we; us (4)

nōscō, nōscere, nōvī, nōtus come to know, learn, recognize; *perfect,* know (10)

noster, nostra, nostrum our, ours (4); our (own) (5)

——, nostrum/nostrī (reflexive pron.) ourselves (5)

nōtus, -a, -um known, well-known; familiar (10)

novem (indeclinable adj.) nine (§93)

novus, -a, -um new; strange (7)

nox, noctis, -ium *f.* night (9)

nūllus, -a, -um not any, no (9)

num (interrogative particle) *introduces a direct question expecting the answer "no"; introduces an Indirect Question,* whether (12)

nūmen, nūminis *n.* divine power, divinity, divine spirit, numen (15)

numquam (adv.) never (6)

nunc (adv.) now (3)

ō (interj.) O (1)

ob (prep. + acc.) on account of, because of (9)

oblīvīscor, oblīvīscī, oblītus sum forget (+ gen.) (12)

obstō, obstāre, obstitī, obstātūrus stand in the way; hinder, block (15)

occidēns, occidentis *m.* west (14)

occidō, occidere, occidī, occāsūrus fall, set; die (14)

octāvus, -a, -um eighth (§93)

octō (indeclinable adj.) eight (§93)

oculus, oculī *m.* eye (8)

ōdī, ōdisse (defective verb) hate (5)

odium, odiī *n.* hatred (3)

omnīnō (adv.) entirely; *in negative or virtual negative statements or questions*, at all (6)

omnis, omne every; all (6)

oportet, oportēre, oportuit it is proper, it is right (14)

oppidum, oppidī *n.* town (1)

opprimō, opprimere, oppressī, oppressus press on; overwhelm, oppress (14)

oppugnō (1-tr.) attack (10)

optimē (adv.) best (11)

optimus, -a, -um best (11)

optō (1-tr.) desire (2)

opus, operis *n.* work (10)

  opus est there is need of (+ abl. *or* nom.) (10)

ōrātiō, ōrātiōnis *f.* oration, speech (10)

  ōrātiōnem habēre (idiom) to make a speech (10)

ōrātor, ōrātōris *m.* speaker, orator (10)

orbis, orbis, -ium *m.* ring, circle (15)

  orbis terrārum world (15)

Orcus, Orcī *m.* Orcus (§63)

oriēns, orientis *m.* east (14)

orior, orīrī, ortus sum rise, arise (14)

ōrō (1-tr.) beg (for) (12)

ōs, ōris *n. sing. or pl.* mouth; face (14)

P. Ovidius Nāsō, P. Ovidiī Nāsōnis *m.* Publius Ovidius Naso, Ovid (§63)

P. = Publius, Publiī *m.* Publius (§16)

paenitet, paenitēre, paenituit it causes (one) to repent *or* regret (15)

pāreō, pārēre, pāruī, pāritūrus be obedient, obey (+ dat.) (8)

parō (1-tr.) prepare (for); get, obtain (9)

pars, partis, -ium *f.* part; *sing. or pl.*, (political) faction (7)

parum (indeclinable subst.) too little, not enough; (adv.) too little, inadequately (11)

parvus, -a, -um small, little (3)

pater, patris *m.* father (6)

patior, patī, passus sum experience, suffer, endure; permit, allow (8)

patrēs cōnscrīptī *voc. pl.* enrolled fathers, senators (6)

patria, patriae *f.* country, homeland (1)

paucī, paucae, pauca few (4)

paulum, *paulī *n.* small amount, a little (11)

pāx, pācis *f.* peace; favor (8)

pectus, pectoris *n. sing. or pl.*, chest, breast; heart (10)

pecūnia, pecūniae *f.* money (1)

peior, peius (comparative adj.) worse (11)

peius (comparative adv.) worse (11)

pellō, pellere, pepulī, pulsus push, drive (off) (9)

per (prep. + acc.) through; by (4)

perditē (adv.) recklessly, desperately, ruinously (13)

perditus, -a, -um (morally) lost, ruined, depraved (13)

perdō, perdere, perdidī, perditus destroy; lose (13)

pereō, perīre, periī, peritūrus pass away, be destroyed; perish, die (11)

perferō, perferre, pertulī, perlātus suffer, endure; report (10)

perficiō, perficere, perfēcī, perfectus complete, accomplish (5)

perīculum, perīculī *n.* danger (1)

pessimē (adv.) worst (11)

pessimus, -a, -um worst (11)

petō, petere, petiī/petīvī, petītus ask (for), seek; attack (7)

piget, pigēre, piguit it disgusts (one), it irks (one) (15)

pius, -a, -um dutiful, loyal (5)

placeō, placēre, placuī, placitum be pleasing, please (+ dat.) (8)

plūrimē (adv.) most (11)

plūrimus, -a, -um most (11)

  plūrimum (adverbial acc.) very much (13)

plūs (adv.) more (11)

plūs; plūrēs, plūra (adj.) more (11)

poena, poenae *f.* punishment, penalty (2)

  poenās dare (idiom) to pay the penalty (2)

poēta, poētae *m.* poet (1)

Cn. Pompeius Magnus, Cn. Pompeiī Magnī *m.* Gnaeus Pompeius Magnus, Pompey the Great (§16)

pōnō, pōnere, posuī, positus put, place; set aside (4)

populus, populī *m.* (the) people; populace (3)

M. Porcius Catō, M. Porciī Catōnis *m.* Marcus Porcius Cato, Cato the Elder *or* Cato the Censor (§63)

possum, posse, potuī, —— be able, can (2)

post (adv.) after(ward), later; behind; (prep. + acc.) after; behind (7)

postquam (conj.) after (5)

praeferō, praeferre, praetulī, praelātus prefer (to) (12)

praeficiō, praeficere, praefēcī, praefectus put in charge (of) (12)

praesum, praeesse, praefuī, praefutūrus be in charge (of) (12)

praeter (prep. + acc.) beyond; except (12)

premō, premere, pressī, pressus press (hard); overpower; check (14)

pretium, pretiī *n.* price, value (13)

prīmum (adv.) first; for the first time (11)
   quam prīmum as soon as possible (11)
prīmus, -a, -um first (§93)
   prīmā lūce (idiom) at dawn (11)
prior, prius (adj.) earlier (11)
prius (adv.) before, sooner (11)
priusquam (conj.) before (13)
prō (prep. + abl.) in front of; on behalf of, for; in return for, instead of (3)
proelium, proeliī *n.* battle (5)
proficīscor, proficīscī, profectus sum set out, set forth (10)
prohibeō, prohibēre, prohibuī, prohibitus prevent; prohibit, forbid (15)
Sex. Propertius, Sex. Propertiī *m.* Sextus Propertius (§63)
propter (prep. + acc.) on account of, because of (3)
prōvincia, prōvinciae *f.* province (3)
pūblicus, -a, -um public (9)
Publius, Publiī *m.* Publius (§16)
pudet, pudēre, puduit or **puditum est** it makes (one) ashamed (15)
puella, puellae *f.* girl (1)
puer, puerī *m.* boy (1)
pugnō (1-intr.) fight (3)
pulcher, pulchra, pulchrum beautiful, handsome (3)
putō (1-tr.) think, suppose (11)

Q. = Quintus, Quintī *m.* Quintus (§16)
quaerō, quaerere, quaesiī/quaesīvī, quaesītus search for, seek, ask (9)
quālis, quāle what sort of; of which sort, as (13)
quam (adv.) as, how; (conj.) than (11)
quam ob rem (adv.) on account of which thing, why; therefore (9)
quam prīmum as soon as possible (11)
quamquam (conj.) although (5)
quantus, -a, -um how much, how great; as much, as great (13)
   quantum (adverbial acc.) how much, as much (13)
quārē (adv.) because of which thing, why; therefore (9)
quartus, -a, -um fourth (§93)
quattuor (indeclinable adj.) four (§93)
-que (enclitic conj.) and (1)
quemadmodum (rel. or interrog. adv.) in the manner in which, as; how (8)
quī, qua, quod (indef. adj.) some, any (14)
quī, quae, quod (interrog. adj.) what, which (8)
quī, quae, quod (rel. pron.) who, which, that (8)
quia (conj.) because (13)
quid (adverbial acc.) to what extent, why (13)
quīdam, quaedam, quiddam (indef. pron.) (a) certain person, (a) certain thing (10)

quīdam, quaedam, quoddam (indef. adj.) (a) certain (10)
quidem (postpositive adv.) indeed, certainly; at least (4)
   nē . . . quidem not even (4)
quīn (rel. adv.) *introduces Relative Clause of Characteristic*, who/that . . . not (10); (conj.) *introduces Doubting clause*, that (12); (conj.) *introduces Prevention clause*, from (15)
quīnque (indeclinable adj.) five (§93)
quintus, -a, -um fifth (§93)
Quintus, Quintī *m.* Quintus (§16)
quīque, quaeque, quodque (indef. adj.) each, every (14)
quis, quid (interrog. pron.) who, what (8); (indef. pron.) someone, something; anyone, anything (14)
   quid (adverbial acc.), to what extent, why (13)
quisquam, quicquam (indef. pron.) someone, something; anyone, anything (14)
quisque, quidque (quicque) (indef. pron.) each/every man/woman, each/every thing (14)
quō (rel. adv.) to where, whither (9); (interrog. adv.) to where, whither (12)
quod (conj.) because (13); (conj.) the fact that (15)
quodsī (conj.) but if (14)
quōminus (conj.) *introduces Prevention clause*, from (15)
quō modō (interrog. adv.) in what way, how (8)
quoniam (conj.) since, because (5)
quoque (adv.) also, too (8)
quot (indeclinable adj.) how many; as many (13)

rapiō, rapere, rapuī, raptus seize, tear away, carry (off) (15)
redeō, redīre, rediī, reditum go back, return (5)
referō, referre, rettulī, relātus bring back; report (10)
rēfert, rēferre, rētulit it is important, it concerns (15)
rēgīna, rēgīnae *f.* queen (1)
regō, regere, rēxī, rēctus rule, control (4)
relinquō, relinquere, relīquī, relictus leave (behind), abandon (8)
reliquus, -a, -um remaining, rest (of) (14)
Remus, Remī *m.* Remus (§16)
rēs, reī *f.* thing; property; matter, affair; activity; situation (9)
   rēs gestae, rērum gestārum *f. pl.* accomplishments; history (9)
   rēs novae, rērum novārum *f. pl.* revolution (9)
   rēs pūblica, reī pūblicae *f.* republic (9)
respondeō, respondēre, respondī, respōnsus answer, respond (2)

rēx, rēgis *m.* king (6)
rogō (1-tr.) ask (for) (12)
Rōma, Rōmae *f.* Rome (6)
Rōmānī, Rōmānōrum *m. pl.* (the) Romans (3)
Rōmānus, -a, -um Roman (3)
Rōmulus, Rōmulī *m.* Romulus (§16)
rūmor, rūmōris *m.* rumor (12)
rūs, rūris *n. sing. or pl.,* country(side) (6)

saepe (adv.) often (8)
   saepius (adv.) more often (11)
   saepissimē (adv.) most often (11)
saevus, -a, -um cruel, savage (13)
salūs, salūtis *f.* safety; health (§74)
   salūtem dīcere to say "greetings," to say hello (§74)
salvē/salvēte hello! good day! (§74)
sapiēns, sapientis wise (11)
sapientia, sapientiae *f.* wisdom (2)
satis or sat (indeclinable subst.) enough;
   (adv.) enough, sufficiently (10)
scelus, sceleris *n.* wicked deed, crime; villainy (13)
sciō, scīre, sciī/scīvī, scītus know (11)
scrībō, scrībere, scrīpsī, scrīptus write (4)
secundus, -a, -um second (§93)
sed (conj.) but (2)
semper (adv.) always (3)
C. Semprōnius Gracchus, C. Semprōniī Gracchī *m.*
   Gaius Sempronius Gracchus (§16)
Ti. Semprōnius Gracchus, Ti. Semprōniī Gracchī *m.*
   Tiberius Sempronius Gracchus (§16)
senātus, senātūs *m.* senate (9)
sēnsus, sēnsūs *m.* perception, feeling; sense (11)
sententia, sententiae *f.* thought, feeling; opinion (4)
sentiō, sentīre, sēnsī, sēnsus perceive; feel (4)
septem (indeclinable adj.) seven (§93)
septimus, -a, -um seventh (§93)
sequor, sequī, secūtus sum follow (8)
Ser. = Servius, Serviī *m.* Servius (§16)
L. Sergius Catilīna, L. Sergiī Catilīnae *m.* Lucius
   Sergius Catilina, Catiline (§16)
servitūs, servitūtis *f.* slavery (6)
Servius, Serviī *m.* Servius (§16)
servō (1-tr.) save, preserve (10)
servus, servī *m.* slave (1)
sex (indeclinable adj.) six (§93)
Sex. = Sextus, Sextī *m.* Sextus (§16)
sextus, -a, -um sixth (§93)
Sextus, Sextī *m.* Sextus (§16)
sī (conj.) if (5)
sīc (adv.) so, thus, in this way, in such a way (5)
signum, signī *n.* sign, signal; standard (11)
similis, simile similar (+ gen. *or* dat.) (11)
sine (prep. + abl.) without (3)

socius, -a, -um allied (4)
socius, sociī *m.* ally, comrade (4)
sōl, sōlis *m.* sun (14)
soleō, solēre, solitus sum be accustomed (11)
sōlum (adv.) only (7)
sōlus, -a, -um alone, only (9)
solvō, solvere, solvī, solūtus loosen; free, release;
   dissolve (15)
soror, sorōris *f.* sister (7)
Sp. = Spurius, Spuriī *m.* Spurius (§16)
speciēs, *speciēī *f.* appearance, aspect (9)
spectō (1-tr.) look (at), observe (14)
spērō (1-tr.) hope (for) (12)
spēs, speī *f.* hope (10)
Spurius, Spuriī *m.* Spurius (§16)
stō, stāre, stetī, statūrus stand; stand fast, endure
   (10)
studium, studiī *n.* zeal, enthusiasm; pursuit, study (2)
sub (prep. + acc.) under; up to; (prep. + abl.) under;
   at the foot of; near (6)
—, suī (reflexive pron.) himself, herself, itself;
   themselves (5)
Sulla, Sullae *m.* Sulla (§16)
sum, esse, fuī, futūrus be; exist (2)
summus, -a, -um highest; top (of); last, final (11)
superō (1-tr.) overcome, conquer; surpass (3)
suus, -a, -um his (own), her (own), its (own); their
   (own) (5)

T. = Tītus, Tītī *m.* Titus (§16)
taedet, taedēre, taesum est it makes (one) tired *or*
   sick (15)
tālis, tāle such, of such a sort (13)
tam (adv.) so (13)
tamen (adv.) nevertheless (5)
tandem (adv.) finally, at last; *in questions and*
   commands, pray, I ask you, then (8)
tantus, -a, -um so much, so great (13)
   tantum (adverbial acc.) so much, only (so much)
   (13)
tēlum, tēlī *n.* spear; weapon (11)
templum, templī *n.* temple (7)
tempus, temporis *n.* time (9)
teneō, tenēre, tenuī, tentus hold, grasp; keep,
   possess; occupy (3)
terra, terrae *f.* land, earth (3)
terreō, terrēre, terruī, territus terrify, frighten (7)
tertius, -a, -um third (§93)
Ti. = Tiberius, Tiberiī *m.* Tiberius (§16)
Tiberius, Tiberiī *m.* Tiberius (§16)
timeō, timēre, timuī, —— fear, be afraid (of) (2)
timor, timōris *m.* fear (6)
Tītus, Tītī *m.* Titus (§16)

tot (indeclinable adj.) so many (13)

tōtus, -a, -um whole, entire; all (9)

trādō, trādere, trādidī, trāditus hand over, surrender; hand down (7)

trēs, tria three (§93)

Troia, Troiae f. Troy (§16)

tū, tuī (personal pron.) you (4)

—, tuī (reflexive pron.) yourself (5)

M. Tullius Cicerō, M. Tulliī Cicerōnis m. Marcus Tullius Cicero (§63)

tum or tunc (adv.) then, at that time (12)

turpis, turpe foul, ugly; base, shameful (15)

tuus, -a, -um your, yours (4); your (own) (5)

ubi (conj.) when (5); (interrog. adv.) where, when (5); (rel. adv.) where (9)

ūllus, -a, -um any (9)

umbra, umbrae f. shadow, shade (7)

umquam (adv.) ever (6)

unde (rel. adv.) from where, whence (9); (interrog. adv.) from where, whence (12)

ūnus, -a, -um one; only (9)

urbs, urbis, -ium f. city (6)

ut (conj.) as; when (5); (conj.) introduces Purpose clause, in order that (9); introduces Indirect Command, that (9); (conj.) introduces negative Fear clause, that . . . not (15)

uter, utra, utrum (interrog. adj.) which (of two) (9)

utinam (particle) introduces an Optative subjunctive (7)

ūtor, ūtī, ūsus sum use; experience, enjoy (+ abl.) (10)

utrum (interrog. particle) introduces the first question of a double direct or Indirect Question (12)

    utrum . . . an . . . whether . . . or . . . (12)

valdē (adv.) strongly (5)

valē/valēte greetings! farewell! (§74)

valeō, valēre, valuī, valitūrus be strong, be able; be well, fare well (§74)

C. Valerius Catullus, C. Valeriī Catullī m. Gaius Valerius Catullus (§16)

validus, -a, -um strong; healthy (4)

vel (conj.) or; vel . . . vel . . . either . . . or . . . ; (adv.) even (14)

vēlum, vēlī n. sail (2)

    vēla dare (idiom) to set sail (2)

vendō, vendere, vendidī, venditus sell (13)

veniō, venīre, vēnī, ventum come (4)

Venus, Veneris f. Venus (§63)

verbum, verbī n. word (1)

vereor, verērī, veritus sum be in awe of, respect; dread, fear (15)

P. Vergilius Marō, P. Vergiliī Marōnis m. Publius Vergilius Maro, Vergil (§63)

vērō (adv.) certainly, indeed; but (in fact) (7)

vērum (conj.) but (7)

vērus, -a, -um real, true (7)

Vesta, Vestae f. Vesta (§63)

vester, vestra, vestrum your (pl.), yours (pl.) (4); your (pl.) (own) (5)

——, vestrum/vestrī (reflexive pron.) yourselves (5)

vetō, vetāre, vetuī, vetitus forbid (15)

vetus, veteris old (14)

via, viae f. way, road, path, street (1)

videō, vidēre, vīdī, vīsus see (2); passive, be seen; seem (3)

vincō, vincere, vīcī, victus conquer, overcome; intr., win (7)

vir, virī m. man; husband (1)

virtūs, virtūtis f. manliness, courage; excellence, virtue (7)

vīs, ——, -ium f. force, power; violence; pl., strength (6)

vīta, vītae f. life (2)

vīvō, vīvere, vīxī, vīctūrus live, be alive (6)

vix (adv.) scarcely, hardly (14)

vocō (1-tr.) call; summon; name (2)

volō, velle, voluī, —— be willing, want, wish (12)

    bene velle (idiom) to wish well (12)

    male velle (idiom) to wish ill (12)

vōs, vestrum/vestrī (personal pron.) you (pl.) (4)

——, vestrum/vestrī (reflexive pron.) yourselves (5)

vōx, vōcis f. voice; word (7)

Vulcānus, Vulcānī m. Vulcan (§63)

vulnus, vulneris n. wound (13)

vultus, vultūs m. sing. or pl., expression; face (15)

ENGLISH TO LATIN VOCABULARY

This English to Latin Vocabulary includes all words from vocabulary lists in *Learn to Read Latin*. Numbers in parentheses refer to the chapter (e.g., 6) or section (e.g., §16) in which the vocabulary word is introduced. Some additional meanings given in vocabulary notes are included.

? -ne (enclitic) *added to the first word of a question* (2)
? *expecting the answer "no"* num (12)
? *expecting the answer "yes"* nōnne (12)

a lot multum (5)
abandon relinquō, relinquere, relīquī, relictus (8)
about dē (prep. + abl.) (1)
absent absēns, absentis (14)
abundance cōpia, cōpiae *f.* (7)
accept accipiō, accipere, accēpī, acceptus (5)
accomplish perficiō, perficere, perfēcī, perfectus (5); cōnficiō, cōnficere, cōnfēcī, cōnfectus (12)
accomplishments rēs gestae, rērum gestārum *f. pl.* (9)
activity rēs, reī *f.* (9)
admit fateor, fatērī, fassus sum (8)
advice cōnsilium, cōnsiliī *n.* (1)
advise moneō, monēre, monuī, monitus (9)
Aeneas Aenēās, Aenēae *m.*; Aenēān = *acc. sing.*; Aenēā = *voc. sing.* (§16)
affair rēs, reī *f.* (9)
after post (adv.) (7)
after post (prep. + acc.) (7)
after postquam (conj.) (5)
afterward post (adv.) (7)
against in (prep. + acc.) (1); contrā (prep. + acc.) (10)
age aetās, aetātis *f.* (14)
aid auxilium, auxiliī *n.* (4)
alas heu (interj.) (§74)
all omnis, omne (8); tōtus, -a, -um (9); cūnctus, -a, -um (14)
allied socius, -a, -um (4)

allow patior, patī, passus sum (8)
ally socius, sociī *m.* (4)
alone sōlus, -a, -um (9); ūnus, -a, -um (9)
already iam (adv.) (9)
also et (adv.) (1); etiam (adv.) (7); quoque (adv.) (8)
altar āra, ārae *f.* (7)
although etsī (conj.) (5); quamquam (conj.) (5); cum (conj.) (12)
always semper (adv.) (3)
ambush īnsidiae, īnsidiārum *f. pl.* (7)
among inter (prep. + acc.) (6); apud (prep. + acc.) (10)
Amor Amor, Amōris *m.* (§63); Cupīdō, Cupīdinis *m.* (§63)
ancestors maiōrēs, maiōrum *m. pl.* (11)
ancient antīquus, -a, -um (7)
and et (conj.) (1); -que (enclitic conj.) (1)
and (also) atque (conj.) (3); ac (conj.) (3)
and indeed etenim (conj.) (2)
and not neque, nec (conj.-adv.) (2)
anger īra, īrae *f.* (2)
animal animal, animālis, -ium *n.* (6)
another alius, -a, -um (9)
answer respondeō, respondēre, respondī, respōnsus (2)
Antony Antōnius, Antōniī *m.* (§16)
anxiety cūra, cūrae *f.* (2))
any ūllus, -a, -um (9); aliquī, aliqua, aliquod (indef. adj.) (14); quī, qua, quod (indef. adj.) (14)
anyone aliquis, aliquid (indef. pron.) (14); quis, quid (indef. pron.) (14); quisquam, quicquam (indef. pron.) (14)

anything aliquis, aliquid (indef. pron.) (14); quis, quid (indef. pron.) (14); quisquam, quicquam (indef. pron.) (14)

Apollo Apollō, Apollinis *m.* (§63)

appearance speciēs, *speciēī *f.* (9)

Appius Appius, Appiī *m.* (abbreviation: App.) (§16)

approach accēdō, accēdere, accessī, accessum (5)

arise orior, orīrī, ortus sum (14)

arms arma, armōrum *n. pl.* (2)

army exercitus, exercitūs *m.* (9)

art ars, artis, -ium *f.* (7)

as quālis, quāle (13)

as quam (adv.) (11)

as quemadmodum (rel. adv.) (8)

as ut (conj.) (5)

as great quantus, -a, -um (13)

as long as dōnec (conj.) (13); dum (conj.) (13)

as many quot (indeclinable adj.) (13)

as much quantus, -a, -um (13)

as much quantum (adverbial acc.) (13)

as soon as possible quam prīmum (11)

it makes (one) ashamed pudet, pudēre, puduit *or* puditum est (15)

ask quaerō, quaerere, quaesiī/quaesīvī, quaesītus (9)

ask (for) petō, petere, petiī/petīvī, petītus (7); rogō (1-tr.) (12)

aspect speciēs, *speciēī *f.* (9)

at all omnīnō (adv.) *in negative or virtual negative statements or questions* (6)

at dawn prīmā lūce (11)

at last tandem (adv.) (8)

at least quidem (postpositive adv.) (4); certē (adv.) (7)

at that time tum *or* tunc (adv.) (12)

at the foot of sub (prep. + abl.) (6)

at the house of apud (prep. + acc.) (10)

at this time hīc (adv.) (§131)

Athens Athēnae, Athēnārum *f. pl.* (6)

attack petō, petere, petiī/petīvī, petītus (7); oppugnō (1-tr.) (10)

attempt cōnor (1-tr.) (8)

attitude mēns, mentis, -ium *f.* (6)

audacity audācia, audāciae *f.* (11)

Augustus Augustus, Augustī *m.* (§63)

Aulus Aulus, Aulī *m.* (abbreviation: A.) (§16)

authority imperium, imperiī *n.* (3); auctōritās, auctōritātis *f.* (14)

auxiliary troops auxilia, auxiliōrum *n. pl.* (4)

await maneō, manēre, mānsī, mānsūrus (7); ex(s)pectō (1-tr.) (13)

away from ā, ab (prep. + abl.) (1)

Bacchus Bacchus, Bacchī *m.* (§63)

bad malus, -a, -um (3)

badly male (adv.) (5)

band manus, manūs *f.* (9)

banishment ex(s)ilium, ex(s)iliī *n.* (8)

base turpis, turpe (15)

battle proelium, proeliī *n.* (5)

battle line aciēs, aciēī *f.* (9)

be sum, esse, fuī, futūrus (2)

be able possum, posse, potuī, —— (2); valeō, valēre, valuī, valitūrus (§74)

be absent absum, abesse, āfuī, āfutūrus (14)

be accustomed soleō, solēre, solitus sum (11)

be afraid (of) timeō, timēre, timuī, —— (2)

be alive vīvō, vīvere, vīxī, vīctūrus (6)

be born nāscor, nāscī, nātus sum (10)

be destroyed pereō, perīre, periī, peritūrus (11)

be different differō, differre, distulī, dīlātus (8)

be distant absum, abesse, āfuī, āfutūrus (14)

be distressed labōrō (1-intr.) (2)

be done fīō, fierī, factus sum (13)

be free (from) careō, carēre, caruī, caritūrus (+ abl.) (6)

be in awe of vereor, verērī, veritus sum (15)

be in charge (of) praesum, praeesse, praefuī, praefutūrus (12)

be made fīō, fierī, factus sum (13)

be near adsum, adesse, adfuī, adfutūrus (14)

be obedient pāreō, pārēre, pāruī, pāritūrus (+ dat.) (8)

be pleasing placeō, placēre, placuī, placitum (+ dat.) (8)

be present adsum, adesse, adfuī, adfutūrus (14)

be strong valeō, valēre, valuī, valitūrus (§74)

be unwilling nōlō, nōlle, nōluī, —— (12)

be well valeō, valēre, valuī, valitūrus (§74)

be willing volō, velle, voluī, —— (12)

be without careō, carēre, caruī, caritūrus (+ abl.) (6)

bear gerō, gerere, gessī, gestus (4); ferō, ferre, tulī, lātus (5)

beautiful pulcher, pulchra, pulchrum (3)

because quoniam (conj.) (5); quia (conj.) (13); quod (conj.) (13)

because of propter (prep. + acc.) (3); ob (prep. + acc.) (9)

because of which thing quārē (adv.) (9)

become fīō, fierī, factus sum (13)

before ante (adv.) (7); prius (adv.) (11)

before ante (prep. + acc.) (7)

before antequam (conj.) (13); priusquam (conj.) 13

beg (for) ōrō (1-tr.) (12)

began ——, ——, coepī, coeptus (13)

begin incipiō, incipere, incēpī, inceptus (13)

behind post (adv.) (7)

behind post (prep. + acc.) (7)

behold! ecce (interj.) (§74)

believe crēdō, crēdere, crēdidī, crēditus (+ dat.) (11)

belonging to the gods dīvīnus, -a, -um (§63)

best optimus, -a, -um (11); optimē (adv.) (11)

to betake oneself sē cōnferre (14)

better melior, melius (11); melius (adv.) (11)

between inter (prep. + acc.) (6)

beyond praeter (prep. + acc.) (12)

big magnus, -a, -um (3)

bitter acerbus, -a, -um (7)

blind caecus, -a, -um (8)

block obstō, obstāre, obstitī, obstātūrus (15)

body corpus, corporis n. (6)

bold audāx, audācis (8)

boldly audacter or audāciter (8)

boldness audācia, audāciae f. (11)

book liber, librī m. (1)

both . . . and . . . et . . . et . . . (1)

boundary fīnis, fīnis, -ium m. or f. (10)

boy puer, puerī m. (1)

brave fortis, forte (6)

to break camp castra movēre (11)

breast sing. or pl., pectus, pectoris n. (10)

brief brevis, breve (11)

bright clārus, -a, -um (4)

bring ferō, ferre, tulī, lātus (5)

bring about efficiō, efficere, effēcī, effectus (14)

bring back referō, referre, rettulī, relātus (10)

bring together cōnferō, cōnferre, contulī, collātus (14)

brother frāter, frātris m. (7)

but sed (conj.) (2); vērum (conj.) (7)

but (in fact) vērō (adv.) (7)

but if quodsī (conj.) (14)

buy emō, emere, ēmī, ēmptus (13)

by ā, ab (prep. + abl.) (3); per (prep. + acc.) (4)

by far longē (adv.) (11)

by Hercules! herc(u)le (interj.) (§74); mehercule
    (interj.) (§74); meherculēs (interj.) (§74)

by no means haud (adv.) (14)

by now iam (adv.) (9)

by then iam (adv.) (9)

Caesar Caesar, Caesaris m. (§63)

call vocō (1-tr.) (2)

calm aequus, -a, -um (10)

(military) camp castra, castrōrum n. pl. (11)

can possum, posse, potuī, —— (2)

capture capiō, capere, cēpī, captus (4)

care cūra, cūrae f. (2)

carry ferō, ferre, tulī, lātus (5)

carry (into) īnferō, īnferre, intulī, illātus (12)

carry (off) rapiō, rapere, rapuī, raptus (15)

carry away auferō, auferre, abstulī, ablātus (7)

carry in different directions differō, differre, distulī,
    dīlātus (7)

Carthage Carthāgō, Carthāginis f. (6)

case causa, causae f. (4)

Catiline Catilīna, Catilīnae m. (§16)

Cato Catō, Catōnis m. (§63)

Catullus Catullus, Catullī m. (§16)

cause causa, causae f. (4)

Ceres Cerēs, Cereris f. (§63)

certain certus, -a, -um (7)

(a) certain quīdam, quaedam, quoddam (indef. adj.)
    (10)

(a) certain person, (a) certain thing quīdam,
    quaedam, quiddam (indef. pron.) (10)

certainly equidem (adv.) (4); quidem (postpositive
    adv.) (4); vērō (adv.) (7)

chance fortūna, fortūnae f. (7); cāsus, cāsūs m. (10);
    fors, fortis, -ium f. (12)

change mūtō (1-tr.) (13)

character mōrēs, mōrum m. pl. (10)

charming grātus, -a, -um (13)

check premō, premere, pressī, pressus (14)

chest sing. or pl., pectus, pectoris n. (10)

choose legō, legere, lēgī, lēctus (6)

Cicero Cicerō, Cicerōnis m. (§63)

circle orbis, orbis, -ium m. (15)

citizen cīvis, cīvis, -ium m. or f. (6)

citizenry cīvitās, cīvitātis f. (7)

citizenship cīvitās, cīvitātis f. (7)

city urbs, urbis, -ium f. (6)

city walls moenia, moenium n. pl. (6)

clear clārus, -a, -um (4)

column agmen, agminis n. (14)

come veniō, venīre, vēnī, ventum (4)

come on! age, agite (4)

come out ēgredior, ēgredī, ēgressus sum (13)

come to accēdō, accēdere, accessī, accessum (5)

come to know nōscō, nōscere, nōvī, nōtus (10);
    cognōscō, cognōscere, cognōvī, cognitus (10)

command imperō (1-intr.) (9)

command imperium, imperiī n. (3); iussum, iussī n.
    (9)

commander imperātor, imperātōris m. (11)

compare cōnferō, cōnferre, contulī, collātus (14)

complete perficiō, perficere, perfēcī, perfectus (5);
    cōnficiō, cōnficere, cōnfēcī, cōnfectus (12)

comrade socius, sociī m. (4)

concern cūra, cūrae f. (2)

concerning dē (prep. + abl.) (1)

it concerns interest, interesse, interfuit (15); rēfert,
    rēferre, rētulit (15)

conduct agō, agere, ēgī, āctus (4); gerō, gerere, gessī,
    gestus (4)

confess fateor, fatērī, fassus sum (8)

conquer superō (1-tr.) (3); vincō, vincere, vīcī, victus
    (7)

consider habeō, habēre, habuī, habitus (2); dūcō, dūcere, dūxī, ductus (4); arbitror (1-tr.) (11)

consul cōnsul, cōnsulis *m.* (8)

consulship cōnsulātus, cōnsulātūs *m.* (9)

contrary to contrā (prep. + acc.) (10)

control regō, regere, rēxī, rēctus (4)

Corinna Corinna, Corinnae *f.* (§63)

Cornelius Sulla (L.) Cornēlius Sulla, (L.) Cornēliī Sullae *m.* (§16)

country patria, patriae *f.* (1)

country(side) *sing. or pl.,* rūs, rūris *n.* (6)

courage virtūs, virtūtis *f.* (7)

court iūs, iūris *n.* (6)

Crassus Crassus, Crassī *m.* (§16)

crime scelus, sceleris *n.* (13)

cruel saevus, -a, -um (13)

Cupid Cupīdō, Cupīdinis *m.* (§63)

custom mōs, mōris *m.* (10)

Cynthia Cynthia, Cynthiae *f.* (§63)

danger perīculum, perīculī *n.* (1)

dare audeō, audēre, ausus sum (8)

daring audāx, audācis (8)

dark caecus, -a, -um (8)

daughter fīlia, fīliae *f.* (1)

at dawn prīmā lūce (11)

day diēs, diēī *m. or f.* (9)

daylight lūx, lūcis *f.* (11)

dear (to) cārus, -a, -um (+ dat.) (7)

death mors, mortis, -ium *f.* (7)

deceptive falsus, -a, -um (7)

decide cōnstituō, cōnstituere, cōnstituī, cōnstitūtus (15)

Decimus Decimus, Decimī *m.* (abbreviation: D.) (§16)

deed factum, factī *n.* (1)

deep altus, -a, -um (4)

deep sea altum, altī *n.* (4)

deified dīvus, -a, -um (§63)

delay moror (1-tr.) (13)

delay mora, morae *f.* (3)

deliberation cōnsilium, cōnsiliī *n.* (1)

depart discēdō, discēdere, discessī, discessum (5)

depraved perditus, -a, -um (13)

descent genus, generis *n.* (10)

desire optō (1-tr.) (2); cupiō, cupere, cupiī/cupīvī, cupītus (7)

desirous cupidus, -a, -um (+ gen.) (4)

desperately perditē (adv.) (13)

destiny fātum, fātī *n.* (5)

destroy dēleō, dēlēre, dēlēvī, dēlētus (10); perdō, perdere, perdidī, perditus (13)

deter dēterreō, dēterrēre, dēterruī, dēterritus (15)

Diana Diāna, Diānae *f.* (§63)

die morior, morī, mortuus sum (8); cadō, cadere, cecidī, cāsūrus (10); pereō, perīre, periī, peritūrus (11); occidō, occidere, occidī, occāsūrus (14)

differ differō, differre, distulī, dīlātus (7)

different dissimilis, dissimile (+ gen. *or* dat.) (11)

difficult difficilis, difficile (6)

  with difficulty difficiliter *or* difficulter (adv.) (6)

diligence dīligentia, dīligentiae *f.* (3)

direct cōnferō, cōnferre, contulī, collātus (14)

Dis Dīs, Dītis *m.* (§63)

discover inveniō, invenīre, invēnī, inventus (11)

it disgusts (one) piget, pigēre, piguit (15)

disloyal impius, -a, -um (5)

displeased ingrātus, -a, -um (13)

displeasing ingrātus, -a, -um (13)

disposition ingenium, ingeniī *n.* (7)

dissimilar dissimilis, dissimile (+ gen. *or* dat.) (11)

dissolve solvō, solvere, solvī, solūtus (15)

disturbance mōtus, mōtūs *m.* (8)

divine dīvīnus, -a, -um (§63); dīvus, -a, -um (§63)

divine power nūmen, nūminis *n.* (15)

divine spirit nūmen, nūminis *n.* (15)

divinity nūmen, nūminis *n.* (15)

do agō, agere, ēgī, āctus (4); faciō, facere, fēcī, factus (4)

doubt dubitō (1-tr.) (12)

doubt dubium, dubiī *n.* (12)

doubtful dubius, -a, -um (12)

down from dē (prep. + abl.) (1)

dread metuō, metuere, metuī, —— (14); vereor, verērī, veritus sum (15)

dread metus, metūs *m.* (10)

drive agō, agere, ēgī, āctus (4)

drive (off) pellō, pellere, pepulī, pulsus (9)

during inter (prep. + acc.) (6)

dutiful pius, -a, -um (5)

duty mūnus, mūneris *n.* (8)

each quīque, quaque, quodque (indef. adj.) (14)

each man, each woman, each thing quisque, quidque (quicque) (indef. pron.) (14)

earlier ante (adv.) (7)

earth terra, terrae *f.* (3)

easily facile (adv.) (6)

east oriēns, orientis *m.* (14)

easy facilis, facile (6)

effort labor, labōris *m.* (10)

eight octō (indeclinable adj.) (§93)

eighth octāvus, -a, -um (§93)

either . . . or . . . aut . . . aut . . . (7); vel . . . vel . . . (14)

empire imperium, imperiī *n.* (3)

encourage hortor (1-tr.) (9)

end fīnis, fīnis, -ium *m. or f.* (10)

endure ferō, ferre, tulī, lātus (5); patior, patī, passus
   sum (8); perferō, perferre, pertulī, perlātus (10);
   stō, stāre, stetī, stātūrus (10)
(personal) enemy inimīcus, inimīcī m. (3)
(public) enemy hostis, hostis, -ium m. (6)
enjoy ūtor, ūtī, ūsus sum (+ abl.) (10)
enmity inimīcitia, inimīcitiae f. (5)
enough satis or sat (adv.) (10); satis or sat
   (indeclinable subst.) (10)
enrolled fathers patrēs cōnscrīptī (voc. pl.) (6)
enthusiasm studium, studiī n. (2)
entire tōtus, -a, -um (9)
entirely omnīnō (adv.) (6)
envoy lēgātus, lēgātī m. (10)
envy invidia, invidiae f. (4)
epistle litterae, litterārum f. pl. (12)
equitable aequus, -a, -um (10)
err errō (1-intr.) (2)
especially maximē (adv.) (11)
establish iaciō, iacere, iēcī, iactus (11); cōnstituō,
   cōnstituere, cōnstituī, cōnstitūtus (15)
estimate aestimō (1-tr.) (13)
even aequus, -a, -um (10)
even et (adv.) (1); etiam (adv.) (7); vel (adv.) (14)
   not even nē . . . quidem (4)
ever umquam (adv.) (6)
every omnis, omne (6); quīque, quaque, quodque
   (indef. adj.) (14)
every man, every woman, every thing quisque,
   quidque (quicque) (indef. pron.) (14)
evil malus, -a, -um (3)
excellence virtūs, virtūtis f. (7)
except praeter (prep. + acc.) (12)
exhort hortor (1-tr.) (9)
exile ex(s)ilium, ex(s)iliī n. (8)
exist sum, esse, fuī, futūrus (2)
expect ex(s)pectō (1-tr.) (13)
expel ēiciō, ēicere, ēiēcī, ēiectus (11)
experience experior, experīrī, expertus sum (8);
   patior, patī, passus sum (8); ūtor, ūtī, ūsus sum
   (+ abl.) (10)
expression sing. or pl., vultus, vultūs m. (15)
eye oculus, oculī m. (8)
eyes lūmina, lūminum n. pl. (13)

face sing. or pl., ōs, ōris n. (14); sing. or pl., vultus,
   vultūs m. (15)
facing contrā (prep. + acc.) (10)
the fact that quod (conj.) (15)
(political) faction sing. or pl., pars, partis, -ium f. (7)
faith fidēs, fideī f. (9)
fall cadō, cadere, cecidī, cāsūrus (10); occidō,
   occidere, occidī, occāsūrus (14)
fall cāsus, cāsūs m. (10)

false falsus, -a, -um (7)
fame fāma, fāmae f. (1)
familiar nōtus, -a, -um (10)
family gēns, gentis, -ium f. (12)
famous clārus, -a, -um (4)
far longus, -a, -um (11); longē (adv.) (11)
fare well valeō, valēre, valuī, valitūrus (§74)
farewell! valē/valēte (§74)
farmer agricola, agricolae m. (1)
far-reaching longus, -a, -um (11)
fate fātum, fātī n. (5)
father pater, patris m. (6)
(enrolled) fathers patrēs conscrīptī (voc. pl.) (6)
favor pāx, pācis f. (8); grātia, grātiae f. (12)
fear timeō, timēre, timuī, —— (2); metuō, metuere,
   metuī, —— (14); vereor, verērī, veritus sum (15)
fear timor, timōris m. (6); metus, metūs, m. (10)
feel sentiō, sentīre, sēnsī, sēnsus (4)
feeling sententia, sententiae f. (4); sēnsus, sēnsūs m.
   (11)
few paucī, paucae, pauca (4)
fickle levis, leve (8)
field ager, agrī m. (1)
fierce ācer, ācris, ācre (6)
fifth quintus, -a, -um (§93)
fight pugnō (1-intr.) (3)
final summus, -a, -um (11)
finally tandem (adv.) (8)
find inveniō, invenīre, invēnī, inventus (11)
fire ignis, ignis, -ium m. (11)
first prīmus, -a, -um (§93); prīmum (adv.) (11)
five quīnque (indeclinable adj.) (§93)
flat plain campus, campī m. (11)
flee fugiō, fugere, fūgī, fugitūrus (7)
flight fuga, fugae f. (8)
follow sequor, sequī, secūtus sum (8)
for prō (prep. + abl.) (3)
for nam (conj.) (2); enim (postpositive conj.) (2)
for a great part magnam partem (adverbial acc.) (13)
for a long time diū (adv.) (11)
for in fact etenim (conj.) (2); namque (conj.) (2)
for my part equidem (adv.) (4)
for the first time prīmum (adv.) (11)
for the greatest part maximam partem (adverbial
   acc.) (13)
for the most part maximam partem (adverbial acc.)
   (13)
for the purpose of ad (prep. + acc.) (13); causā
   (+ preceding gen.) (13); grātiā (+ preceding gen.)
   (13)
for the sake of causā (+ preceding gen.) (13); grātiā
   (+ preceding gen.) (13)
forbid prohibeō, prohibēre, prohibuī, prohibitus (15);
   vetō, vetāre, vetuī, vetitus (15)

(what is divinely) forbidden nefās (indeclinable noun) *n.* (12)

force vīs, ——, -ium *f.* (6)

forces cōpiae, cōpiārum *f. pl.* (7)

forget oblīvīscor, oblīvīscī, oblītus sum (+ gen.) (12)

to form a plan cōnsilium capere (4)

fortunate fēlīx, fēlīcis (6)

fortune fortūna, fortūnae *f.* (7)

forum forum, forī *n.* (3)

foul turpis, turpe (15)

four quattuor (indeclinable adj.) (§93)

fourth quartus, -a, -um (§93)

free līberō (1-tr.) (6); solvō, solvere, solvī, solūtus (15)

free līber, lībera, līberum (3)

freedom lībertās, lībertātis *f.* (8)

friend amīcus, amīcī *m.* (3)

friendly amīcus, -a, -um (+ dat.) (3)

friendship amīcitia, amīcitiae *f.* (5)

frighten terreō, terrēre, terruī, territus (7)

from quīn (conj.) *introduces Prevention clause* (15); quōminus (conj.) *introduces Prevention clause* (15)

(away) from ā, ab (prep. + abl.) (1)

(down) from dē (prep. + abl.) (1)

(out) from ē, ex (prep. + abl.) (1)

from here hinc (adv.) (§131)

from that place inde (adv.) (§131)

from that time inde (adv.) (§131)

from there illinc (adv.) (§131); inde (adv.) (§131)

from where unde (rel. adv.) (9); unde (interrog. adv.) (12)

Gaius Gaius, Gaiī *m.* (abbreviation: C.) (§16)

general imperātor, imperātōris *m.* (11)

get parō (1-tr.) (9)

gift dōnum, dōnī *n.* (1); mūnus, mūneris *n.* (8)

gird (on oneself) cingō, cingere, cīnxī, cīnctus (15)

girl puella, puellae *f.* (1)

give dō, dare, dedī, datus (2); dōnō (1-tr.) (2)

give an order imperō (1-intr.) (+ dat.) (9)

give in exchange mūtō (1-tr.) (13)

glory glōria, glōriae *f.* (4)

Gnaeus Gnaeus, Gnaeī *m.* (abbreviation: Gn.) (§16)

go eō, īre, iī/īvī, itum (3); cēdō, cēdere, cessī, cessum (5)

to go sē cōnferre (14)

go away abeō, abīre, abiī, abitum (5); discēdō, discēdere, discessī, discessum (5)

go back redeō, redīre, rediī, reditum (5)

go out ēgredior, ēgredī, ēgressus sum (13)

go to accēdō, accēdere, accessī, accessum (5)

god deus, deī *m.* (1)

goddess dea, deae *f.* (1)

gold aurum, aurī *n.* (1)

good bonus, -a, -um (3)

good day! salvē/salvēte (§74)

Gracchus Gracchus, Gracchī *m.* (§16)

grant dō, dare, dedī, datus (2)

grasp teneō, tenēre, tenuī, tentus (3)

grateful grātus, -a, -um (13)

gratitude grātia, grātiae *f.* (12)

great magnus, -a, -um (3)

greater maior, maius (11)

greatest maximus, -a, -um (11)

greatly magnopere (adv.) (10)

Greece Graecia, Graeciae *f.* (§16)

greetings! valē/valēte (§74)

guile ars, artis, -ium *f.* (7)

Hades Dīs, Dītis *m.* (§63)

hand manus, manūs *f.* (9)

hand down trādō, trādere, trādidī, trāditus (7)

hand over trādō, trādere, trādidī, trāditus (7)

handsome pulcher, pulchra, pulchrum (3)

Hannibal Hannibal, Hannibalis *m.* (§63)

happen fīō, fierī, factus sum (13); accidō, accidere, accidī, —— (14)

happy laetus, -a, -um (3); fēlīx, fēlīcis (6)

hard dūrus, -a, -um (5)

hardly vix (adv.) (14)

hardship labor, labōris *m.* (10)

harsh dūrus, -a, -um (5); acerbus, -a, -um (7)

hate ōdī, ōdisse (defective verb) (5)

hatred odium, odiī *n.* (3)

have habeō, habēre, habuī, habitus (2)

have begun ——, ——, coepī, coeptus (13)

he is, ea, id (personal pron.) (4)

head caput, capitis *n.* (15)

health salūs, salūtis *f.* (§74)

healthy validus, -a, -um (4)

hear audiō, audīre, audīvī, audītus (4)

hear (of) accipiō, accipere, accēpī, acceptus (5)

heart *sing. or pl.*, pectus, pectoris *n.* (10)

heaven caelum, caelī *n.* (4)

heavy gravis, grave (8)

height altum, altī *n.* (4)

hello! salvē/salvēte (§74)

help auxilium, auxiliī *n.* (4)

hence hinc (adv.) (§131)

henceforth hinc (adv.) (§131)

her is, ea, id (personal pron.) (4)

her (own) suus, -a, -um (5)

here hīc (adv.) (§131)

herself ——, suī (reflexive pron.) (5)

hesitate dubitō (1-tr.) (12)

hesitation dubium, dubiī *n.* (12)

hidden caecus, -a, -um (8)

high altus, -a, -um (4)

highest summus, -a, -um (11)

him is, ea, id (personal pron.) (4)

himself —, suī (reflexive pron.) (5)

hinder moror (1-tr.) (13); impediō, impedīre, impediī/impedīvī, impedītus (15); obstō, obstāre, obstitī, obstātūrus (15)

his (own) suus, -a, -um (5)

history rēs gestae, rērum gestārum f. pl. (9)

hither hūc (adv.) (§131)

hold habeō, habēre, habuī, habitus (2); teneō, tenēre, tenuī, tentus (3)

home domus, domī f. (6); domus, domūs f. (9)

homeland patria, patriae f. (1)

honor honor or honōs, honōris m. (13)

honorable honestus, -a, -um (10)

hope spēs, speī f. (10)

hope (for) spērō (1-tr.) (12)

Horace (Q.) Horātius Flaccus, (Q.) Horātiī Flaccī m. (§16)

hostile inimīcus, -a, -um (+ dat.) (3)

hostility inimīcitia, inimīcitiae f. (5)

house domus, domī f. (6); domus, domūs f. (9)

how quemadmodum (interrog. adv.) (8); quō modō (interrog. adv.) (8); quam (adv.) (11)

how great quantus, -a, -um (13)

how many quot (indeclinable adj.) (13)

how much quantus, -a, -um (13)

how much quantum (adverbial acc.) (13)

however autem (postpositive conj.) (6)

huge ingēns, ingentis (6)

human being homō, hominis m. (6)

humble humilis, humile (11)

hundred centum (indeclinable adj.) (§93)

hundredth centēsimus, -a, -um (§93)

husband vir, virī m. (1)

I ego, meī (personal pron.) (4)

I ask you tandem (adv.) (8)

if sī (conj.) (5)

if . . . not nisi (conj.) (5)

Ilium Īlium, Īliī n. (§16)

ill-will invidia, invidiae f. (4)

immortal immortālis, immortāle (7)

impede impediō, impedīre, impediī/impedīvī, impedītus (15)

important gravis, grave (8)

it is important interest, interesse, interfuit (15); rēfert, rēferre, rētulit (15)

in in (prep. + abl.) (1)

in another way aliter (adv.) (9)

in fact enim (postpositive conj.) (2)

in front of prō (prep. + abl.) (3); ante (prep. + acc.) (7)

in opposition contrā (adv.) (10)

in order that ut (conj.) introduces Purpose clause (9)

in order that . . . not nē (adv.) introduces negative Purpose clause (9)

in return for prō (prep. + abl.) (3)

in such a way sīc (adv.) (5); ita (adv.) (7)

in that place ibi (adv.) (§131); illīc (adv.) (§131)

in the manner in which quemadmodum (rel. adv.) (8)

in the presence of apud (prep. + acc.) (10)

in this place hīc (adv.) (§131)

in this way sīc (adv.) (5); ita (adv.) (7)

in turn contrā (adv.) (10)

in what way quō modō (interrog. adv.) (8)

inadequately parum (adv.) (11)

indeed equidem (adv.) (4); quidem (postpositive adv.) (4); vērō (adv.) (7)

indeed enim (postpositive conj.) (2)

inequitable inīquus, -a, -um (10)

inflict (on) īnferō, īnferre, intulī, illātus (12)

influence auctōritās, auctōritātis f. (14)

inhabitant incola, incolae m. (3)

instead of prō (prep. + abl.) (3)

intention mēns, mentis, -ium f. (6)

into in (prep. + acc.) (1)

it irks (one) piget, pigēre, piguit (15)

iron ferrum, ferrī n. (1)

island īnsula, īnsulae f. (1)

it is, ea, id (personal pron.) (4)

it causes (one) to repent or regret paenitet, paenitēre, paenituit (15)

it concerns interest, interesse, interfuit (15); rēfert, rēferre, rētulit (15)

it disgusts (one) piget, pigēre, piguit (15)

it irks (one) piget, pigēre, piguit (15)

it is important interest, interesse, interfuit (15); rēfert, rēferre, rētulit (15)

it is permitted licet, licēre, licuit or licitum est (14)

it is proper oportet, oportēre, oportuit (14)

it is right oportet, oportēre, oportuit (14)

it makes (one) ashamed pudet, pudēre, puduit or puditum est (15)

it makes (one) sick taedet, taedēre, taesum est (15)

it makes (one) tired taedet, taedēre, taesum est (15)

it moves (one) to pity miseret, miserēre, miseruit or miseritum est (15)

Italy Italia, Italiae f. (1)

its (own) suus, -a, -um (5)

itself —, suī (reflexive pron.) (5)

jealousy invidia, invidiae f. (4)

joy gaudium, gaudiī n. (8)

judge arbitror (1-tr.) (11)

judgment cōnsilium, cōnsiliī n. (1); iūs, iūris n. (6)

Julia Iūlia, Iūliae f. (§16)

Julius Caesar (C.) Iūlius Caesar, (C.) Iūliī Caesaris
    m. (§63)
Juno Iūnō, Iūnōnis *f.* (§63)
Jupiter Iuppiter, Iovis *m.* (§63)
just aequus, -a, -um (10)
just modo (adv.) (12)
just now modo (adv.) (12)
justly iūre (adv.) (6)

keen ācer, ācris, ācre (6)
keenness aciēs, aciēī *f.* (9)
keep teneō, tenēre, tenuī, tentus (3)
kill interficiō, interficere, interfēcī, interfectus (5);
    cōnficiō, cōnficere, cōnfēcī, cōnfectus (12)
kind genus, generis *n.* (10)
kindness grātia, grātiae *f.* (12)
king rēx, rēgis *m.* (6)
know *perfect*, nōscō, nōscere, nōvī, nōtus (10); *perfect*,
    cognōscō, cognōscere, cognōvī, cognitus (10);
    sciō, scīre, sciī/scīvī, scītus (11)
known nōtus, -a, -um (10)

labor labor, labōris *m.* (10)
lack careō, carēre, caruī, caritūrus (+ abl.) (6)
land terra, terrae *f.* (3)
large magnus, -a, -um (3)
last summus, -a, -um (11)
later post (adv.) (7)
law iūs, iūris *n.* (6); lēx, lēgis *f.* (8)
  to pass a law lēgem ferre (8)
lay iaciō, iacere, iēcī, iactus (11)
lead dūcō, dūcere, dūxī, ductus (4)
leader dux, ducis *m.* or *f.* (10)
learn nōscō, nōscere, nōvī, nōtus (10); cognōscō,
    cognōscere, cognōvī, cognitus (10)
learn (of) accipiō, accipere, accēpī, acceptus (5)
leave (behind) relinquō, relinquere, relīquī, relictus (8)
legate lēgātus, lēgātī *m.* (10)
legion legiō, legiōnis *f.* (11)
Lesbia Lesbia, Lesbiae *f.* (§63)
letter litterae, litterārum *f. pl.* (12)
letter (of the alphabet) littera, litterae *f.* (12)
level aequus, -a, -um (10)
Liber Līber, Līberī *m.* (§63)
lieutenant lēgātus, lēgātī *m.* (10)
life vīta, vītae *f.* (2)
life force anima, animae *f.* (1)
lifetime aetās, aetātis *f.* (14)
light lūx, lūcis *f.* (11); lūmen, lūminis *n.* (13)
light levis, leve (8)
limit modus, modī *m.* (8); fīnis, fīnis, -ium *m.* or *f.* (10)
line (of march) agmen, agminis *n.* (14)
listen (to) audiō, audīre, audīvī, audītus (4)
literature litterae, litterārum *f. pl.* (12)

little parvus, -a, -um (3)
a little paulum, *paulī *n.* (11)
live vīvō, vīvere, vīxī, vīctūrus (6)
Livia Līvia, Līviae *f.* (§16)
lo ecce (interj.) (§74)
long longus, -a, -um (11)
long for cupiō, cupere, cupiī/cupīvī, cupītus (7)
long-standing longus, -a, -um (11)
a long way longē (adv.) (11)
look ecce (interj.) (§74)
look (at) spectō (1-tr.) (14)
loosen solvō, solvere, solvī, solūtus (15)
lord dominus, dominī *m.* (1)
lose perdō, perdere, perdidī, perditus (13)
(morally) lost perditus, -a, -um (13)
a lot multum (adv.) (5)
love amō (1-tr.) (2)
love amor, amōris *m.* (6)
Love Amor, Amōris *m.* (§63)
loyal pius, -a, -um (5)
loyalty fidēs, fideī *f.* (9)
Lucius Lūcius, Lūciī *m.* (abbreviation: L.) (§16)
luck fors, fortis, -ium *f.* (12)
lucky fēlīx, fēlīcis (6)

make faciō, facere, fēcī, factus (4); efficiō, efficere,
    effēcī, effectus (14)
make a mistake errō (1-intr.) (2)
to make a speech ōrātiōnem habēre (10)
to make camp castra pōnere (11)
man vir, virī *m.* (1); homō, hominis *m.* (6)
manage gerō, gerere, gessī, gestus (4)
Manius Manius, Maniī *m.* (abbreviation: M'.) (§16)
manliness virtūs, virtūtis *f.* (7)
manner modus, modī *m.* (8)
many multus, -a, -um (3)
Marcus Marcus, Marcī *m.* (abbreviation: M.) (§16)
Marcus Antonius (Marc Antony) Marcus Antōnius,
    Marcī Antōniī *m.* (§16)
marketplace forum, forī *n.* (3)
Mars Mars, Martis *m.* (§63)
master dominus, dominī *m.* (1)
matter rēs, reī *f.* (9)
me ego, meī (personal pron.) (4)
measure modus, modī *m.* (8)
memory memoria, memoriae *f.* (12)
Mercury Mercurius, Mercuriī *m.* (§63)
meter modus, modī *m.* (8)
middle (of) medius, -a, -um (10)
midst medium, mediī *n.* (10)
military camp castra, castrōrum *n. pl.* (11)
mind animus, animī *m.* (2); mēns, mentis, -ium *f.* (6)
mine meus, -a, -um (4)
Minerva Minerva, Minervae *f.* (§63)

miserable miser, misera, miserum (3)
misfortune cāsus, cāsūs *m.* (10)
money pecūnia, pecūniae *f.* (1)
moon lūna, lūnae *f.* (14)
morally lost perditus, -a, -um (13)
more plūs/plūrēs, plūra (11); plūs (adv.) (11)
more (greatly) magis (adv.) (11)
moreover autem (postpositive conj.) (6)
mortal mortālis, mortāle (7)
most plūrimus, -a, -um (11); plūrimum (adv.) (11)
most greatly maximē (adv.) (11)
mother māter, mātris *f.* (6)
motion mōtus, mōtūs *m.* (9)
mountain mōns, montis, -ium *m.* (12)
mouth *sing. or pl.*, ōs, ōris *n.* (14)
move moveō, movēre, mōvī, mōtus (2); cēdō, cēdere, cessī, cessum (5)
movement mōtus, mōtūs *m.* (9)
much multus, -a, -um (3); multum (adv.) (5)
multitude agmen, agminis *n.* (14)
my meus, -a, -um (4)
my (own) meus, -a, -um (5)
myself —, meī (reflexive pron.) (5)

name nōmen, nōminis *n.* (14)
name vocō (1-tr.) (2)
nation gēns, gentis, -ium *f.* (12)
(natural) talent ingenium, ingeniī *n.* (7)
nature ingenium, ingeniī *n.* (7); nātūra, nātūrae *f.* (7)
near sub (prep. + abl.) (6)
necessary necesse (indeclinable adj.) (14)
neither (of two) neuter, neutra, neutrum (9)
neither . . . nor . . . neque/nec . . . neque/nec . . . (2)
Neptune Neptūnus, Neptūnī *m.* (§63)
Nero Nerō, Nerōnis *m.* (§63)
Nero Claudius Caesar Nerō Claudius Caesar, Nerōnis Claudiī Caesaris *m.* (§63)
never numquam (adv.) (6)
nevertheless tamen (adv.) (5)
new novus, -a, -um (7)
night nox, noctis, -ium *f.* (9)
nine novem (indeclinable adj.) (§93)
ninth nōnus, -a, -um (§93)
no nūllus, -a, -um (9)
no one nēmō, nēminis *m. or f.* (9)
not nōn (adv.) (2); nē (adv.) (7)
not any nūllus, -a, -um (9)
not at all nihil (adverbial acc.) (13); haud (adv.) (14)
not enough parum (indeclinable subst. *or* adv.) (11)
not even nē . . . quidem (4)
not know nesciō, nescīre, nesciī/nescīvī, nescītus (11)
not only . . . but also . . . nōn sōlum . . . sed/vērum etiam . . . (7)
not want nōlō, nōlle, nōluī, —— (12)

not wish nōlō, nōlle, nōluī, —— (12)
nothing nihil, nīl (indeclinable noun) *n.* (3); nihilum, nihilī *n. or* nīl, nīlī *n.* (13)
now nunc (adv.) (3); iam (adv.) (9); modo (adv.) (12)
numen nūmen, nūminis *n.* (15)

O ō (interj.) (1)
obey pāreō, pārēre, pāruī, pāritūrus (+ dat.) (8)
observe spectō (1-tr.) (14)
obtain parō (1-tr.) (9)
occupy teneō, tenēre, tenuī, tentus (3)
occurrence cāsus, cāsūs *m.* (10)
of such a sort tālis, tāle (13)
of which sort quālis, quāle (13)
(political) office honor *or* honōs, honōris *m.* (13)
often saepe (adv.) (8)
oh heu (interj.) (§74)
old antīquus, -a, -um (7); vetus, veteris (14)
on in (prep. + abl.) (1)
on account of propter (prep. + acc.) (3); ob (prep. + acc.) (9)
on account of which thing quam ob rem (adv.) (9)
on behalf of prō (prep. + abl.) (3)
on this side . . . on that side . . . hinc . . . hinc . . . (§131); hinc . . . illinc . . . (§131)
one ūnus, -a, -um (9)
only sōlus, -a, -um (9); ūnus, -a, -um (9)
only sōlum (adv.) (7); modo (adv.) (12)
only (so much) tantum (adverbial acc.) (13)
onto in (prep. + acc.) (1)
(the) open medium, mediī *n.* (10)
opinion sententia, sententiae *f.* (4)
oppress opprimō, opprimere, oppressī, oppressus (14)
or aut (conj.) (7); an (conj.) *introduces an alternative question* (12); vel (conj.) (14)
or not an nōn *in direct question* (12); necne *in Indirect Question* (12)
oration ōrātiō, ōrātiōnis *f.* (10)
orator ōrātor, ōrātōris *m.* (10)
Orcus Orcus, Orcī *m.* (§63)
order iubeō, iubēre, iussī, iussus (2); imperō (1-intr.) (+ dat.) (9)
order iussum, iussī, *n.* (9)
origin genus, generis *n.* (10)
other alius, -a, -um (9)
(the) other cēterus, -a, -um (13)
(the) other (of two) alter, altera, alterum (9)
otherwise aliter (adv.) (9)
ought dēbeō, dēbēre, dēbuī, dēbitus (2)
our noster, nostra, nostrum (4)
our (own) noster, nostra, nostrum (5)
ours noster, nostra, nostrum (4)
ourselves ——, nostrum/nostrī (reflexive pron.) (5)
out from ē, ex (prep. + abl.) (1)

overcome superō (1-tr.) (3); vincō, vincere, vīcī, victus (7)

overpower premō, premere, pressī, pressus (14)

overwhelm opprimō, opprimere, oppressī, oppressus (14)

Ovidius Naso (Ovid) (P.) Ovidius Nasō, (P.) Ovidius Nasōnis *m.* (§63)

owe dēbeō, dēbēre, dēbuī, dēbitus (2)

part pars, partis, -ium *f.* (7)

pass away pereō, perīre, periī, peritūrus (11)

to pass a law lēgem ferre (8)

path via, viae *f.* (1)

to pay the penalty poenās dare (2)

peace pāx, pācis *f.* (8)

penalty poena, poenae *f.* (2)

> **to pay the penalty** poenās dare (2)

(a) people gēns, gentis, -ium *f.* (12)

(the) people populus, populī *m.* (3)

perceive sentiō, sentīre, sēnsī, sēnsus (4)

perception sēnsus, sēnsūs *m.* (11)

perform gerō, gerere, gessī, gestus (4)

perish pereō, perīre, periī, peritūrus (11)

permit patior, patī, passus sum (8)

it is permitted licet, licēre, licuit *or* licitum est (14)

(what is) permitted fās (indeclinable noun) *n.* (12)

personal enemy inimīcus, inimīcī *m.* (3)

to pitch camp castra pōnere (11)

pitiable miser, misera, miserum (3)

it moves (one) to pity miseret, miserēre, miseruit *or* miseritum est (15)

place pōnō, pōnere, posuī, positus (4)

place locus, locī *m.; pl.,* loca, locōrum *n. pl. or sometimes* locī, locōrum *m. pl.* (8)

place around circumdō, circumdare, circumdedī, circumdatus (15)

(flat) plain campus, campī *m.* (11)

plan cōnsilium, cōnsiliī *n.* (1)

> **to form a plan** cōnsilium capere (4)

to plead a case causam agere (4)

pleasant dulcis, dulce (15)

please placeō, placēre, placuī, placitum (+ dat.) (8)

pleased grātus, -a, -um (13)

pleasing grātus, -a, -um (13)

plot īnsidiae, īnsidiārum *f. pl.* (7)

Pluto Dīs, Dītis *m.* (§63)

poem carmen, carminis *n.* (6)

poet poēta, poētae *m.* (1)

point out mōnstrō (1-tr.) (2)

political faction *sing. or pl.,* pars, partis, -ium *f.* (7)

political office honor *or* honōs, honōris *m.* (13)

Pompeius Magnus (Pompey the Great) (Cn.) Pompeius Magnus, (Cn.) Pompeiī Magnī *m.* (§16)

ponder cōgitō (1-tr.) (2)

populace populus, populī *m.* (3)

Porcius Cato (M.) Porcius Catō, (M.) Porciī Catōnis *m.* (§63)

possess teneō, tenēre, tenuī, tentus (3)

power imperium, imperiī *n.* (3); vīs, ——, -ium *f.* (6)

practice mōs, mōris *m.* (10)

praise laudō (1-tr.) (3)

pray tandem (adv.) (8)

precious cārus, -a, -um (+ dat.) (7)

prefer mālō, mālle, māluī, —— (12); praeferō, praeferre, praetulī, praelātus (12)

prepare (for) parō (1-tr.) (9)

present dōnō (1-tr.) (2)

preserve servō (1-tr.) (10)

press (hard) premō, premere, pressī, pressus (14)

press on opprimō, opprimere, oppressī, oppressus (14)

prevent dēterreō, dēterrēre, dēterruī, dēterritus (15); prohibeō, prohibēre, prohibuī, prohibitus (15)

previously ante (adv.) (7)

price pretium, pretiī *n.* (13)

proceed gradior, gradī, gressus sum (13)

to proceed (quickly) sē ferre (5)

prohibit prohibeō, prohibēre, prohibuī, prohibitus (15)

it is proper oportet, oportēre, oportuit (14)

property rēs, reī *f.* (9)

provided that dum (conj.) (13); dummodo (conj.) (13); modo (conj.) (13)

province prōvincia, prōvinciae *f.* (3)

public pūblicus, -a, -um (9)

public enemy hostis, hostis, -ium *m.* (6)

public square forum, forī *n.* (3)

Publius Publius, Publiī *m.* (abbreviation: P.) (§16)

punishment poena, poenae *f.* (2)

purpose mēns, mentis, -ium *f.* (6)

pursuit studium, studiī *n.* (2)

push pellō, pellere, pepulī, pulsus (9)

put pōnō, pōnere, posuī, positus (4)

put in charge (of) praeficiō, praeficere, praefēcī, praefectus (12)

queen rēgīna, rēgīnae *f.* (1)

Quintus Quintus, Quintī *m.* (abbreviation: Q.) (§16)

race genus, generis *n.* (10)

radiance lūmen, lūminis *n.* (13)

rational soul animus, animī *m.* (2)

read legō, legere, lēgī, lēctus (6)

readily facile (adv.) (6)

real vērus, -a, -um (7)

reason causa, causae *f.* (4)

receive accipiō, accipere, accēpī, acceptus (5)

reckless audāx, audācis (8)

recklessly audacter *or* audāciter (adv.) (8); perditē (adv.) (13)

recklessness audācia, audāciae *f.* (11)

reckon faciō, facere, fēcī, factus (13)

recognize nōscō, nōscere, nōvī, nōtus (10); cognōscō, cognōscere, cognōvī, cognitus (10)

it causes (one) to regret paenitet, paenitēre, paenituit (15)

release solvō, solvere, solvī, solūtus (15)

reliable certus, -a, -um (7)

remain maneō, manēre, mānsī, mānsūrus (7)

remaining reliquus, -a, -um (14)

remaining part (of) cēterus, -a, -um (13)

remarkable ingēns, ingentis (6)

remember meminī, meminisse (defective verb) (5)

remind moneō, monēre, monuī, monitus (9)

remove auferō, auferre, abstulī, ablātus (7)

Remus Remus, Remī *m.* (§16)

renown glōria, glōriae *f.* (4)

it causes (one) to repent paenitet, paenitēre, paenituit (15)

report ferō, ferre, tulī, lātus (5); perferō, perferre, pertulī, perlātus (10); referō, referre, rettulī, relātus (10)

report fāma, fāmae *f.* (1)

republic rēs pūblica, reī pūblicae *f.* (9)

reputation fāma, fāmae *f.* (1)

resentment invidia, invidiae *f.* (4)

respect vereor, verērī, veritus sum (15)

respect honor *or* honōs, honōris *m.* (13)

respectable honestus, -a, -um (10)

respond respondeō, respondēre, respondī, respōnsus (2)

rest (of) cēterus, -a, -um (13); reliquus, -a, -um (14)

return redeō, redīre, rediī, reditum (5)

revolution rēs novae, rērum novārum *f. pl.* (9)

reward dōnō (1-tr.) (2)

rhythm modus, modī *m.* (8)

right iūs, iūris *n.* (6)

(what is divinely) right fās (indeclinable noun) *n.* (12)

it is right oportet, oportēre, oportuit (14)

rightly iūre (adv.) (6)

ring orbis, orbis, -ium *m.* (15)

rise orior, orīrī, ortus sum (14)

road via, viae *f.* (1)

Roman Rōmānus, -a, -um (3)

(the) Romans Rōmānī, Rōmānōrum *m. pl.* (3)

Rome Rōma, Rōmae *f.* (6)

Romulus Rōmulus, Rōmulī *m.* (§16)

ruined perditus, -a, -um (13)

ruinously perditē (adv.) (13)

rule regō, regere, rēxī, rēctus (4)

rumor fāma, fāmae *f.* (1); rūmor, rūmōris *m.* (12)

to rush forth sē ēicere (11)

sacrilege nefās (indeclinable noun) *n.* (12)

safety salūs, salūtis *f.* (§74)

sail vēlum, vēlī *n.* (2)

   to set sail vēla dare (2)

sailor nauta, nautae *m.* (1)

same īdem, eadem, idem (8)

savage saevus, -a, -um (13)

save servō (1-tr.) (10)

say dīcō, dīcere, dīxī, dictus (4); ferō, ferre, tulī, lātus (5); inquam (defective verb) (8); for (1-tr.) (15)

   to say "greetings" *or* **hello** salūtem dīcere (§74)

saying dictum, dictī *n.* (6)

scarcely vix (adv.) (14)

sea mare, maris, *-ium *n.* (6)

search for quaerō, quaerere, quaesiī/quaesīvī, quaesītus (9)

second secundus, -a, -um (§93)

secret caecus, -a, -um (8)

see videō, vidēre, vīdī, vīsus (2)

seek petō, petere, petiī/petīvī, petītus (7); quaerō, quaerere, quaesiī/quaesīvī, quaesītus (9)

seem *passive,* videō, vidēre, vīdī, vīsus (3)

seize rapiō, rapere, rapuī, raptus (15)

-self, -selves ipse, ipsa, ipsum (5)

sell vendō, vendere, vendidī, venditus (13)

Sempronius Gracchus (C. or Ti.) Semprōnius, (C. or Ti.) Semprōniī Gracchī *m.* (§16)

senate senātus, senātūs *m.* (9)

senators patrēs cōnscrīptī (voc. pl.) (6)

send mittō, mittere, mīsī, missus (4)

sense sēnsus, sēnsūs *m.* (11)

Sergius Catilina (Catiline) (L.) Sergius Catilīna, (L.) Sergiī Catilīnae *m.* (§16)

serious gravis, grave (8)

service mūnus, mūneris *n.* (8)

Servius Servius, Serviī *m.* (abbreviation: Ser.) (§16)

set occidō, occidere, occidī, occāsūrus (14)

set aside pōnō, pōnere, posuī, positus (4)

set forth proficīscor, proficīscī, profectus sum (10)

set in motion moveō, movēre, mōvī, mōtus (2)

set out proficīscor, proficīscī, profectus sum (10)

to set sail vēla dare (2)

set up cōnstituō, cōnstituere, cōnstituī, cōnstitūtus (15)

seven septem (indeclinable adj.) (§93)

seventh septimus, -a, -um (§93)

severe gravis, grave (8)

Sextus Sextus, Sextī *m.* (abbreviation: Sex.) (§16)

shade umbra, umbrae *f.* (7)

shadow umbra, umbrae *f.* (7)

shameful turpis, turpe (15)

sharp ācer, ācris, ācre (6)

sharp edge aciēs, acieī *f.* (9)

she is, ea, id (personal pron.) (4)

short brevis, breve (11)

show mōnstrō (1-tr.) (2)

it makes (one) sick taedet, taedēre, taesum est (15)

sign signum, signī *n.* (11)

signal signum, signī *n.* (11)

similar similis, simile (+ gen. *or* dat.) (11)

since quoniam (conj.) (5); cum (conj.) (12)

sing (of) canō, canere, cecinī, cantus (4)

sister soror, sorōris *f.* (7)

situation rēs, reī *f.* (9)

six sex (indeclinable adj.) (§93)

sixth sextus, -a, -um (§93)

skill ars, artis, -ium *f.* (7)

sky caelum, caelī *n.* (4)

slave servus, servī *m.* (1)

slavery servitūs, servitūtis *f.* (6)

small parvus, -a, -um (3)

small amount paulum, *paulī *n.* (11)

snatch away ēripiō, ēripere, ēripuī, ēreptus (15)

so sīc (adv.) (5); ita (adv.) (7); tam (adv.) (13)

so great tantus, -a, -um (13)

so many tot (indeclinable adj.) (13)

so much tantum (adverbial acc.) (13)

so much tantus, -a, -um (13)

so very adeō (adv.) (14)

soldier mīles, mīlitis *m.* (6)

some aliquī, aliqua, aliquod (indef. adj.) (14); quī, qua, quod (indef. adj.) (14)

someone, something aliquis, aliquid (indef. pron.) (14); quis, quid (indef. pron.) (14); quisquam, quicquam (indef. pron.) (14)

son fīlius, fīliī *m.* (1); nātus, nātī *m.* (10)

song carmen, carminis *n.* (6)

soon mox (adv.) (3)

sooner prius (adv.) (11)

sort genus, generis *n.* (10)

soul anima, animae *f.* (1)

(rational) soul animus, animī *m.* (2)

speak dīcō, dīcere, dīxī, dictus (4); loquor, loquī, locūtus sum (11); for (1-tr.) (15)

speaker ōrātor, ōrātōris *m.* (10)

spear tēlum, tēlī *n.* (11)

speech ōrātiō, ōrātiōnis *f.* (10)

spend agō, agere, ēgī, āctus (4)

spirit animus, animī *m.* (2)

Spurius Spurius, Spuriī *m.* (abbreviation: Sp.) (§16)

stand stō, stāre, stetī, statūrus (10)

stand fast stō, stāre, stetī, statūrus (10)

stand in the way obstō, obstāre, obstitī, obstātūrus (15)

standard signum, signī *n.* (11)

state cīvitās, cīvitātis *f.* (7)

stay maneō, manēre, mānsī, mānsūrus (7)

step gradior, gradī, gressus sum (13)

still etiam (adv.) (7)

stir (up) moveō, movēre, mōvī, mōtus (2)

stock genus, generis *n.* (10)

strange novus, -a, -um (7)

street via, viae *f.* (1)

strength vīrēs, vīrium *f. pl.* (6)

strong validus, -a, -um (4); fortis, forte (6)

strong feelings animī, animōrum *m. pl.* (2)

strongly valdē (adv.) (5)

study studium, studiī *n.* (2)

such tālis, tāle (13)

suffer labōrō (1-intr.) (2); patior, patī, passus sum (8); perferō, perferre, pertulī, perlātus (10)

sufficiently satis *or* sat (adv.) (10)

Sulla Sulla, Sullae *m.* (§16)

summon vocō (1-tr.) (2)

sun sōl, sōlis *m.* (14)

suppose putō (1-tr.) (11)

sure certus, -a, -um (7)

surpass superō (1-tr.) (3)

surrender trādō, trādere, trādidī, trāditus (7)

surround cingō, cingere, cīnxī, cīnctus (15); circumdō, circumdare, circumdedī, circumdatus (15)

sweet dulcis, dulce (15)

swift celer, celeris, celere (15)

sword ferrum, ferrī *n.* (1); gladius, gladiī *m.* (1)

take (up) capiō, capere, cēpī, captus (4)

take away auferō, auferre, abstulī, ablātus (7)

take in exchange mūtō (1-tr.) (13)

take on incipiō, incipere, incēpī, inceptus (13)

(natural) talent ingenium, ingeniī *n.* (7)

talk loquor, loquī, locūtus sum (11)

tall altus, -a, -um (4)

tear away rapiō, rapere, rapuī, raptus (15); ēripiō, ēripere, ēripuī, ēreptus (15)

tell dīcō, dīcere, dīxī, dictus (4)

temple templum, templī *n.* (7)

ten decem (indeclinable adj.) (§93)

tenth decimus, -a, -um (§93)

terrify terreō, terrēre, terruī, territus (7)

territory fīnēs, fīnium *m. or f.* (10)

test experior, experīrī, expertus sum (8)

than quam (conj.) (11)

thanks grātia, grātiae *f.* (12)

that is, ea, id (demonstr. adj.) (4)

that ille, illa, illud (demonstr. adj./pron.) (8)

that quī, quae, quod (rel. pron.) (8)

that ut (conj.) *introduces Indirect Command* (9); quīn (conj.) *introduces Doubting Clause* (12); nē (conj.) *introduces positive Fear clause* (15)

that (of yours) iste, ista, istud (demonstr. adj./pron.) (8)

that . . . not nē (conj.) *introduces negative Indirect Command* (9); quīn (rel. adv.) *introduces negative Relative Clause of Characteristic* (10); quīn (rel. adv.) *introduces negative Relative Clause of Result* (14); ut (conj.) *introduces negative Fear clause* (15)

the fact that quod (conj.) (15)

their (own) suus, -a, -um (5)

them is, ea, id (personal pron.) (4)

themselves —, suī (reflexive pron.) (5)

then mox (adv.) (3); tandem (adv.) (8); tum *or* tunc (adv.) (12); ibi (adv.) (§131)

thence illinc (adv.) (§131); inde (adv.) (§131)

there ibi (adv.) (§131); illīc (adv.) (§131)

there is need of opus est (+ abl. *or* nom.) (10)

therefore quam ob rem (adv.) (9); quārē (adv.) (9); igitur (postpositive conj.) (11)

thereupon ibi (adv.) (§131); inde (adv.) (§131)

these is, ea, id (demonstr. adj.) (4)

these hic, haec, hoc (demonstr. adj./pron.) (8)

they is, ea, id (personal pron.) (4)

thing rēs, reī *f.* (9)

think cōgitō (1-tr.) (2); arbitror (1-tr.) (11); putō (1-tr.) (11)

third tertius, -a, -um (§93)

this is, ea, id (demonstr. adj.) (4)

this hic, haec, hoc (demonstr. adj./pron.) (8)

thither eō (adv.) (§131); illūc (adv.) (§131)

those is, ea, id (demonstr. adj.) (4)

those ille, illa, illud (demonstr. adj./pron.) (8)

those (of yours) iste, ista, istud (demonstr. adj./pron.) (8)

thought sententia, sententiae *f.* (4)

thousand mīlle; *pl.,* mīlia, mīlium (§93)

thousandth mīllēsimus, -a, -um (§93)

three trēs, tria (§93)

throng agmen, agminis *n.* (14)

through per (prep. + acc.) (4)

throw iaciō, iacere, iēcī, iactus (11)

throw out ēiciō, ēicere, ēiēcī, ēiectus (11)

thus sīc (adv.) (5); ita (adv.) (7)

Tiberius Tiberius, Tiberiī *m.* (abbreviation: Ti.) (§16)

time tempus, temporis *n.* (9); aetās, aetātis *f.* (14)

it makes (one) tired taedet, taedēre, taesum est (15)

Titus Tītus, Tītī *m.* (abbreviation: T.) (§16)

to ad (prep. + acc.) (1)

to be going to be fore (11); futūrus, -a, -um esse (11)

to here hūc (adv.) (§131)

to so great an extent adeō (adv.) (14)

to such an extent adeō (adv.) (14)

to that place eō (adv.) (§131)

to the same place eōdem (adv.) (§131)

to there illūc (adv.) (§131)

to what extent quid (adverbial acc.) (13)

to where quō (rel. adv.) (9); quō (interrog. adv.) (12)

too quoque (adv.) (8)

too little parum (indeclinable subst.) (11); parum (adv.) (11)

top (of) summus, -a, -um (11)

toward ad (prep. + acc.) (1)

town oppidum, oppidī *n.* (1)

tranquil aequus, -a, -um (10)

treachery īnsidiae, īnsidiārum *f. pl.* (7)

trick ars, artis, -ium *f.* (7)

trivial levis, leve (8)

troop manus, manūs *f.* (9)

troops cōpiae, cōpiārum *f. pl.* (7)

Troy Īlium, Īliī *n.* (§16); Troia, Troiae *f.* (§16)

true vērus, -a, -um (7)

trust crēdō, crēdere, crēdidī, crēditus (+ dat.) (11)

trust fidēs, fideī *f.* (9)

trustworthiness fidēs, fideī *f.* (9)

try cōnor (1-tr.) (8); experior, experīrī, expertus sum (8)

Tullius Cicero (M.) Tullius Cicerō, (M.) Tulliī Cicerōnis *m.* (§63)

two duo, duae, duo (§93)

ugly turpis, turpe (15)

uncertain incertus, -a, -um (7)

under sub (prep. + abl.) (6); sub (prep. + acc.) (6)

understand intellegō, intellegere, intellēxī, intellēctus (6)

uneven inīquus, -a, -um (10)

unfortunate īnfēlīx, īnfēlīcis (6)

unfriendly inimīcus, -a, -um (+ dat.) (3)

ungrateful ingrātus, -a, -um (13)

unhappy īnfēlīx, īnfēlīcis (6)

unjust inīquus, -a, -um (10)

unless nisi (conj.) (5)

unlike dissimilis, dissimile (+ gen. *or* dat.) (11)

unlucky īnfēlīx, īnfēlīcis (6)

unpleasant ingrātus, -a, -um (13)

unreliable incertus, -a, -um (7)

unsure incertus, -a, -um (7)

until dōnec (conj.) (13); dum (conj.) (13)

unworthy (of) indignus, -a, -um (+ abl.) (12)

up to sub (prep. + acc.) (6)

urge hortor (1-tr.) (9)

us nōs, nostrum/nostrī (personal pron.) (4)

use ūtor, ūtī, ūsus sum (+ abl.) (10)

utter iaciō, iacere, iēcī, iactus (11)

Valerius Catullus (C.) Valerius Catullus, (C.) Valeriī Catullī *m.* (§16)

value aestimō (1-tr.) (13)

value pretium, pretiī *n.* (13)

vast ingēns, ingentis (6)

Venus Venus, Veneris *f.* (§63)

Vergilius Maro (Vergil) P. Vergilius Marō, P. Vergiliī Marōnis *m.* (§63)

very ipse, ipsa, ipsum (5)

(so) very adeō (adv.) (14)

very much plūrimum (adverbial acc.) (13)

Vesta Vesta, Vestae *f.* (§63)

villainy scelus, sceleris *n.* (13)

violence vīs, ——, -ium *f.* (6)

virtue virtūs, virtūtis *f.* (7)

voice vōx, vōcis *f.* (7)

Vulcan Vulcānus, Vulcānī *m.* (§63)

to wage war bellum gerere (4)

wait moror (1-tr.) (13)

wait for ex(s)pectō (1-tr.) (13)

walk ambulō (1-intr.) (2); gradior, gradī, gressus sum (13)

wall mūrus, mūrī *m.* (11)

(city) walls moenia, moenium *n. pl.* (6)

wander errō (1-intr.) (2)

want cupiō, cupere, cupiī/cupīvī, cupītus (7); volō, velle, voluī, —— (12)

want more mālō, mālle, māluī, —— (12)

war bellum, bellī *n.* (1)

   to wage war bellum gerere (4)

warn moneō, monēre, monuī, monitus (9)

way via, viae *f.* (1); modus, modī *m.* (9)

we nōs, nostrum/nostrī (personal pron.) (4)

weapon tēlum, tēlī *n.* (11)

weapons arma, armōrum *n. pl.* (2)

well bene (adv.) (5)

well-known nōtus, -a, -um (10)

west occidēns, occidentis *m.* (14)

what quī, quae, quod (interrog. adj.) (8)

what quis, quid (interrog. pron.) (8)

what sort of quālis, quāle (13)

when ubi (interrog. adv.) (5)

when ubi (conj.) (5); ut (conj.) (5); cum (conj.) (12)

whence unde (rel. adv.) (9); unde (interrog. adv.) (12)

where ubi (interrog. adv.) (5); ubi (rel. adv.) (9)

whether num (adv.) *introduces an Indirect Question* (12)

whether an (conj.) *introduces an Indirect Question* (12)

whether utrum (interrog. particle) *introduces an Indirect Question* (12)

whether . . . or . . . utrum . . . an . . . (12); -ne . . . an . . . (12); —— . . . an . . . (12)

which quī, quae, quod (interrog. adj.) (8)

which quī, quae, quod (rel. pron.) (8)

which (of two) uter, utra, utrum (9)

while dōnec (conj.) (13); dum (conj.) (13)

whither quō (rel. adv.) (9); quō (interrog. adv.) (12)

who quī, quae, quod (rel. pron.) (8); quis, quid (interrog. pron.) (8)

who . . . not quīn (rel. adv.) *introduces negative Relative Clause of Characteristic* (10); *introduces negative Relative Clause of Result* (14)

whole tōtus, -a, -um (9)

why cūr (interrog. adv.) (2); quam ob rem (interrog. adv.) (9); quārē (interrog. adv.) (9); quid (adverbial acc.) (13)

wicked impius, -a, -um (5)

wicked deed scelus, sceleris *n.* (13)

wife fēmina, fēminae *f.* (1)

win capiō, capere, cēpī, captus (4); *intr.,* vincō, vincere, vīcī, victus (7)

wisdom sapientia, sapientiae *f.* (2)

wise sapiēns, sapientis (11)

wish volō, velle, voluī, —— (12)

   to wish ill male velle (12)

   to wish well bene velle (12)

with cum (prep. + abl.) (1)

with difficulty difficiliter *or* difficulter (adv.) (6)

withdraw cēdō, cēdere, cessī, cessum (5)

without sine (prep. + abl.) (3)

woman fēmina, fēminae *f.* (1)

word verbum, verbī *n.* (1); dictum, dictī *n.* (6); vōx, vōcis *f.* (7)

work labōrō (1-intr.) (2)

work labor, labōris *m.* (10); opus, operis *n.* (10)

world orbis terrārum (15)

worse peior, peius (11); peius (adv.) (11)

worst pessimus, -a, -um (11); pessimē (adv.) (11)

worthy (of) dignus, -a, -um (+ abl.) (12)

wound vulnus, vulneris *n.* (13)

wrath īra, īrae *f.* (2)

wretched miser, misera, miserum (3)

write scrībō, scrībere, scrīpsī, scrīptus (4)

year annus, annī *m.* (9)

yield cēdō, cēdere, cessī, cessum (5)

you tū, tuī (personal pron.) (4)

you (pl.) vōs, vestrum/vestrī (personal pron.) (4)

your tuus, -a, -um (4)

your (pl.) vester, vestra, vestrum (4)

your (own) tuus, -a, -um (5)

your (pl.) (own) vester, vestra, vestrum (5)

yours tuus, -a, -um (4)

yours (pl.) vester, vestra, vestrum (4)

yourself ——, tuī (reflexive pron.) (5)

yourselves ——, vestrum/vestrī (reflexive pron.) (5)

zeal studium, studiī *n.* (2)